Inhaltsverzeichnis

Reiseerlebnisse-

1972   13 Wochen   10850 KM

„Durch die Schluchten des Balkan, durch das Land der Skipetaren- von Bagdad nach Stambul- auf den Spuren von Karl May und Marco Polo…"

Liebe Leser,

vielen von Ihnen ist es gar nicht mehr bewusst, dass die heutige Zeit mit der Zeit vor 40 Jahren nur noch sehr wenig zu tun hat. Wir müssen uns bewusst damit beschäftigen, dass es heute vieles nicht mehr gibt, was wir zur damaligen Zeit als selbstverständlich oder sogar als fortschrittlich betrachtet haben. Kleidung, Kommunikation, Regeln, Verbote, soziale und gesellschaftliche Werte haben sich total gewandelt. Darüber hinaus gibt es heute viele Dinge, die wir für total selbstverständlich halten, von dem wir damals überhaupt nicht wussten, dass es sie einmal geben würde. Erstaunlich dabei ist, dass nur einige Jahrzehnte zwischen damals und heute liegen. Die etwas Jüngeren unter uns können sich die Lebensumstände in den Siebzigern gar nicht vorstellen.

Die Entwicklung der letzten Jahrzehnte war so rasant, dass bereits eine Generation nach uns Begriffe und Gegenstände unseres täglichen Lebens nicht mehr kennt. Computer waren etwas Besonderes und funktionierten mit Lochkarten.

Es gab noch keine Farbfernseher, Handys und keine Medien zur Kommunikation, wie wir sie heute kennen.- Der Computer der Firma, in der ich meine Lehre machte, hatte 60 GB!! mit denen er die gesamten Finanzen steuerte.

Frauen durften erst seit einigen Jahren ohne Erlaubnis des Ehemannes oder Vaters den Führerschein machen!! Bis 1977 mussten die Frauen die Erlaubnis der Ehemänner oder Väter haben, wenn sie arbeiten wollten! Erst nach 1969 galt eine verheiratete Frau als geschäftsfähig! Also früher war vieles eben auch nicht so selbstverständlich, wie wir es heute annehmen.

Keine 24 Stunden Geschäftszeiten in Einkaufzentren! -Tante Emma Läden waren üblicherweise von 8.00 Uhr bis 12.00 Uhr und von 15.00 Uhr bis 18.00 Uhr, samstags bis 12.00Uhr und sonntags geschlossen. Internet und Einkaufzentren kannte man noch nicht. Weltweite Navigation, Al- inclusive Reisen – Fehlanzeige - also gehen Sie nicht von dem aus, was sie heute als selbstverständlich erachten.

Wir hatten nur Träume, ohne zu wissen, was auf uns zukam - und das war auch gut so!

Nicht nur die Welt funktionierte anders, auch unsere Erziehung und Ausbildung war mit der heutigen kaum vergleichbar. Werte wie Zuverlässigkeit, Respekt, Rücksichtnahme und Engagement prägten unser Verhalten. Traditionen wurden noch gelebt.

Wenn ich also heute zurückblicke, erscheint mir vieles recht eigenartig und manchmal unvorstellbar, was wir einfach gemacht haben, ohne die Möglichkeiten zu kennen und zu haben, die uns heute zur Verfügung stehen.

Ahnungslosigkeit und Selbstvertrauen ist der Stoff, aus dem Pioniere und Abenteurer gemacht sind.

Es war wie bei der Hummel, die eigentlich aufgrund ihrer Gewichts-Flügel-Relation nicht fliegen dürfte, dies aber nicht weiß und deshalb einfach fliegt!

Immer behütet und umsorgt

Ich wuchs auf mit einer Mutter, die sich liebevoll und ohne Unterlass um alle Dinge meines Lebens kümmerte. Wir hatten ein harmonisches und umsorgtes Familienleben Mein Vater war fleißig, aber wir achteten alle sehr aufs Geld, da das meistens gerade so von Woche zu Woche reichte. Meine Mutter beschützte mich vor Übergriffen aller Art mit ganzer Leidenschaft, was sogar der Religionslehrer erfahren musste, als er der Klasse eine kollegiale Strafe - 24 mal das „Walte Gott" abzuschreiben-!!! verpasste, da sie sich nicht ruhig verhielt. Da ich an diesen Unruhen nicht beteiligt war, trat sie schriftlich dafür ein, mich davor zu befreien und forderte den Lehrer auf, dafür zu sorgen, die zu bestrafen, die auch ursächlich dafür verantwortlich waren. Mein Wort genügte ihr und meine Glaubwürdigkeit war unverrückbar für ihren totalen Einsatz und zum

Schutze meiner Person. Ich war eher ein Nesthäkchen als ein Abenteuer. Das „Durchbeißen" übernahm meine Mutter für mich.

So lebte ich als Jugendlicher

Wir waren einer Gruppe von 5 Jungs, die sich aus der Volksschule - so hieß damals die Schule für das breite Volk - kannten: Gerhard, Wolfgang, Nolden, Walter und ich.

Im Werkunterricht in der 8. Klasse bastelten wir z.B. gemeinsam Armbrüste, mit denen wir „auf die Jagd" gingen.

Unsere „Hauptquartier" lag im Scilla Wäldchen, ein unterirdischer selbstgegrabener Fuchsbau. Unser Lieblingsspielplatz war Pattonville, die Mülldeponie der Amerikaner, etwa 7 km entfernt von unseren Wohnplätzen, unsere unberufenen Landesverteidiger, die uns mit ihrem Abfall die große weite Welt nach Mühlhausen brachten.

Ersatzteile für unsere Gefährte und auch zum Verkauf, Jim Beam Konserven aller Art, Playboy und die Rangabzeichen der Soldaten und Offiziere waren die begehrtesten Artikel jener Zeit. Wir sammelten und handelten eifrig. Die „Ware" verstauten wir in unserem Endlager im Scilla Wäldchen - ein 5 x 6 Meter Kernzimmer mit entsprechenden Zu- bzw. Aus- und Eingängen ca. drei Meter unter der Erde. Dort begrüßten uns dann die Pin Ups aus unseren früheren Beutezügen von den Wänden. Von richtigen Frauen wollten wir eigentlich noch gar nichts wissen.

Ein immer wieder schönes Erlebnis war es, wenn wir Lackdosen fanden, die wir dann, wenn möglich beim Vorbeigehen in die Kartoffel und Bohnenstangenfeuer der Bauern warfen, die dann erschraken, wenn etwas zeitverzögert das herrliche Feuer explodierte.

Nach der Schulzeit ging es in eine Lehre - Ausbildung gab es damals noch nicht!

Ich hatte Glück und durfte auf der Wirtschaftsschule meine Mittlere Reife nachholen.

Danach machte ich meine Lehre als Industriekaufmann in einer Werkzeugmaschinenfabrik in Bad Cannstatt. Somit waren wir alle zuerst mal mit unserer Lehre beschäftigt. Am Wochenende traf man sich zu Konzerten und im Gemeindehaus zum Tanz oder wir fuhren nach Biberach - um die ersten Erfahrungen der freien 70er zu genießen. Wir kamen vom Land und lernten auf dem Land das kennen, was man eben damals als „verrucht" und neu - heute würde man hip sagen - bezeichnete. Das erste kleine Geld floss - 125 DM im ersten Ausbildungsjahr - man war also wer!

Es war damals „in", sein Heim zu verlassen und den Duft der großen weiten Welt zu schnuppern, nach Indien zur freien Liebe zu pilgern und die Grenzen des bürgerlichen Lebens hinter sich zu lassen. Woodstock war allgegenwärtig. Die antiautoritäre Erziehung wurde in allen Formen und Bereichen ausprobiert

Sehnsucht und Zielfindung

Seit ich 18 Monate alt war, fuhren wir jedes Jahr mit der Bahn ins Allgäu auf den Bauernhof. Wir alle halfen dem Bauern und der Bäuerin bei der Arbeit und bekamen dafür Vergünstigungen, damit wir uns den Urlaub überhaupt leisten konnten. Man hatte damals noch die Butterdose beim Vesper dabei, um die nicht verbrauchte Butter mitzunehmen und dann zuhause beim Kochen verwenden zu können. Sparen war angesagt und die Verschwendung irgendwelcher Güter nicht vorstellbar. Das Sammeln von Heilkräutern, Beobachten der Tiere und Bewandern der Gegend in einer der Tradition behafteten Gemeinschaft wurde zelebriert. Staudämme im Bach und Wind und Wasserräder markierten die Plätze, an denen wir wirkten.

Als junger Mensch hatte ich jedoch gar keine Lust zum Lesen und meine Mutter versuchte mich durch die Auswahl entsprechender Literatur, die mein Interesse traf, zu motivieren. Was liegt näher als Karl Mays Reisen mit Kara Ben Nemsi kennenzulernen. Marco Polo und nicht zuletzt Alexander von Humboldts Reisen hatten mein Fernweh und meine Abenteuerlust geweckt. Zur damaligen Zeit war es in, dass man nach Indien fuhr - Selbstfindung und körperliche Befreiung waren dort verheißen. Aber zumindest wollten wir in den Iran, den Schah, den es damals noch gab, besuchen. Aber auf alle Fälle den Ararat sehen, auf dem die Arche Noahs gelandet ist. Das war so die Richtung, die sich in unseren Köpfen manifestiert hatte. Wie weit wir in unseren 13 Wochen dabei kommen würden, mussten wir abwarten, wir wussten ja nicht, wie die Straßen beschaffen waren und welche Hindernisse es zu überwinden gab. Auch die Situation im Grenzgebiet zwischen der Türkei und dem Iran war nicht klar. Wir hatten nur immer wieder gehört, dass die Aufstände der Kurden teilweise sehr blutig niedergeschlagen wurden und es sehr gefährlich war, dieses Gebiet zu bereisen.

Mit dem Besuch der Wirtschaftsschule biss ich mein erstes Loch in meinem Kokon, der mich während meiner gesamten Jugend beschützt und eingeschlossen hatte.

Mit Beginn der Lehre bekam ich auch einen geringen finanziellen Hintergrund, um mir die ersten bescheidenen Ausflüge zu ermöglichen. Im ersten Lehrjahr, nicht Ausbildungsjahr, bekam ich 125 DM im Monat.

Bei uns im Haus wohnten die Kokokts, ein Gastarbeiterpärchen, so nannte man die Menschen, die in der Zeit zu uns kamen und das deutsche Wirtschaftswunder aufzubauen, und die es besser haben wollten als bei sich in der Heimat. Das Titoreich als sozialistische Bastion bestand noch in seiner Gänze und war eine doch etwas „seltsame" Bastion zwischen Ost und West.

Hans und seine Frau Liliana waren tolle und hilfsbereite Menschen, die sich bei uns sehr wohl fühlten. Eines Tages mussten sie zurück nach Zagreb, um ihre Visa zu verlängern und luden mich ein, sie zu begleiten. Meiner Mutter war dabei nicht wohl, konnte jedoch deutlich erkennen, dass sie mich davor nicht abhalten konnte und ich im Schutze von Hans und Liliana gut aufgehoben wäre. Ich war gerade 16 Jahre alt und noch nie im Ausland gewesen. Das Allgäu war der weiteste Punkt entfernt von meinem Zuhause, den ich kannte. Ich war nervös und freute mich, dieses unbekannte neue Land besuchen zu können. - Also ging es los. 16 Stunden in einem VW Baujahr 1962 auf Bundes- und Landesstraßen über die Pässe nach Jugoslawien. Heute braucht man sicher auch so lange, was jedoch am Verkehrsaufkommen liegt, obwohl es moderne Autobahnen gibt. Damals war das Verkehrsaufkommen minimal, allerdings durfte man jedes Dorf durchfahren! Und Staus durch Tiere auf der Straße und Pannenfahrzeuge/Plattfuß, kochende Kühler etc. waren Gang und Gäbe.

Am Wurzen Pass standen stundenlang Autos überhitzt, Lastwagen kamen nicht darüber und es war auf der Straße eine Situation, wie man sie sich heute nicht mehr vorstellen kann. Sowohl die Straßen als auch die Autos waren bei Weitem nicht auf dem Stand und in der Lage, die Herausforderungen der Landschaft zufriedenstellend hinter sich zu bekommen. Es war mehr Qual und Kampf als Reisen.

Straßenbeleuchtung war übrigens damals auf den meisten Straßen nicht vorhanden. Ich lernte Menschen aus dem Libanon, Slowenien, Kroatien, Russland und Makedonien kennen. Der Morgen begann bereits mit Rotwein, Paprika, Salami Schinken, Käse und Zwiebeln. Und Mokka. Shikscha, Trommeln und Flötenmusik lies ein orientalisches Gefühl bereits mit der morgendlich wärmenden Sonne erlebbar werden.

Der ganze Tag und die Nacht! erlebte ich Balkan!!!
Eine neue, bunte und faszinierende Welt.

Dies wurde noch verstärkt, als ich zum ersten Mal in meinem Leben mit den Kokots die Botschaft besuchte. Ein großes Essen war vorbereitet und es gab Fleisch im Überfluss - das kannte ich nicht, denn ich war groß geworden mit der Erfahrung, dass es einmal in der Woche Fleisch gab und das in recht übersichtlichen Portionen. War ich denn hier nicht in dem Land, in dem die Leute zu uns ausreisten, damit es ihnen besser ginge?
Bei der Begrüßung und Verabschiedung im Konsulat – und nicht nur dort!!! - wurde ich gedrückt und geküsst, dass es mir die schamhafte Röte ins Gesicht trieb- auch das war für mich eine gänzlich neue Erfahrung. Wir in Deutschland und in unserer Familie hatten das nicht so gepflegt. Ich hatte das unbeschreibliche Gefühl, dass die Damen dort alles versucht haben, um zu sehen, wie sich ein Jüngelchen in Deutschland so schlägt. Die Türen im inneren des Hauses in Zagreb konnte man nicht abschließen - auch das war für mein behütetes Wesen ganz neu und unverständlich. Dies galt natürlich auch für Schlaf und Badezimmer- und ich muss noch hinzufügen, dass das Haus nur so von „Fremden/innen" wimmelte.

Bei einem Tanzabend in den Weinbergen ging es munter zu. Slibovic und Wein zu Zigeunermusik - ich wusste gar nicht, wie man feiern konnte.
Jetzt war meine Reiselust vollständig geweckt und es war für mich klar, um es mit Marco Polo zu sagen - „auf – gen Osten!". Der Ruf der Freiheit und des Abenteuers nahmen Besitz von mir.

Jetzt war nur die unbedeutende Frage:

Wie? Wer oder besser Mit Wem? Wohin? Wann?

Das Wohin war für mich ziemlich schnell klar. Immer nach Osten - möglichst nach Indien, wie gesagt, das war damals aus verschiedenen Gründen angesagt.

Mit wem, war aufgrund unserer Ausbildung und Veranlagungen auch recht einfach zu erkennen, mit Walter.

Er hatte seine Lehre als Elektriker (Strippenzieher und das meine ich nicht abwertend, das hieß damals so bei uns) bereits hinter sich und verdiente schon richtig Geld. Er war außerdem 6 Monate älter als ich und hatte damit seinen Führerschein schon Anfang 1971 in der Tasche. Sein Hobby war das Basteln an Autos- vorwiegend alten Autos, die man sich eben leisten konnte und die die eine oder andere Reparatur notwendig hatten. Die Teile besorgte man sich vom Schrott und der Rest war Nervensache und Try and Error.

Damit war das Wie auch geklärt, mit dem Auto einem „gebrauchten" R4 mit 26 PS und Knebelschaltung. Er war mit jeder Schraube am Auto per Du und besonders mit den Bremsen vertraut, da diese permanent seiner Aufmerksamkeit bedurften!!

Auch war er getrieben, Neues zu entdecken und so fanden wir schnell Konsens, die Welt gemeinsam zu entdecken.

Er wechselte im Herbst zur Fachhochschule, um dort seine Ausbildung fortzusetzten, somit war der Zeitraum für uns klar, wir hatten fast 3 Monate Zeit im Sommer, unseren Traum wahr werden zu lassen.

Wer aufgepasst hat, wird sich fragen, wie kann jemand, der in der Ausbildung war, fast drei Monate fehlen?

Ja, das ging zur damaligen Zeit aber eben auch nur dann, wenn alle Parteien mitgespielt haben. Ich fing morgens um 6:00 Uhr in der Registratur an und wechselte dann um 9:00 Uhr in die nächste Abteilung, die auf dem Ausbildungsplan stand. Um 17:00 Uhr ging ich dann wieder in die Registratur und machte dort die Post fertig. Somit konnte ich zwei Abteilungen gleichzeitig „erlernen"!! Nichts mit Arbeitszeitordnung und Jugendschutzgesetz. Das ist die Freiheit, die möglich ist, wenn es alle wollen und es für alle zum Segen wird. Meine schulischen und fachlichen Zeugnisse haben natürlich nicht unter dieser Belastung leiden dürfen! Also langer Rede kurzer Sinn - die entsprechenden Überstunden zusammen mit meinem Jahresurlaub deckten diesen Zeitraum ab.

Meine ersparten 800 DM waren auch respektabel, wenn auch nicht üppig. Wir wollten ja auch keinen Luxusurlaub machen - aber wussten damals schon, was ein Luxusurlaub ist. Urlaub, bei dem man wegfuhr an sich, war schon was Besonderes.

Die Vorbereitungen oder besser gesagt, Unwissenheit lässt Taten wahr werden

HERAUSFORDERUNG 1: *Ich hatte keinen Führerschein!*

Wie gesagt, ich war ein halbes Jahr jünger als Walter und hatte damit noch keine Führerschein und natürlich auch keine Fahrerfahrung.
Dass einer die gesamte Strecke fahren sollte war für uns kein Thema. Es konnte ja auch passieren, dass einer krank wurde oder sich verletzte, sodass der Mitfahrer auf alle Fälle fahren können musste.
Also zuerst auf das ADAC Gelände an der Solitude - Gefühl für das Fahrzeug bekommen und zu wissen, wo was wie funktioniert. Praktische Erfahrung auf der Straße war aber unvermeidbar und nötig, um sich auch im Verkehr - der damals recht übersichtlich war, zurecht zu finden.

Es gab da so ein kleines Sträßchen von Mühlhausen nach Zuffenhausen in einem Tal, gesäumt mit Wald und Feldern, die einen Ein- und Überblick für die Ordnungshüter nicht ermöglichten. Es war ein besserer Feldweg, der einspurig verlief und alle paar hundert Meter eine Einbuchtung hatte, damit die Fahrzeuge sich gegenseitig vorbeilassen konnten, war prima geeignet. Als besondere Herausforderung verkehrte auf diesem „Fizinalstäßle" der Linienbus der Firma Kniesel, sodass entsprechende Aufmerksamkeit und Reaktion und Einschätzung des anderen Verkehrs nötig waren, um dort durchzukommen. Die Polizei war auf dieser Umgehungsstraße äußerst selten unterwegs, lediglich der „Feldschütze" wachte über die Sicherheit in Wald und Flur, was mir/uns eine gewisse Ruhe vermittelte. Das war mein Fahrschule Gelände. Worüber ich mir keine Gedanken machte, war die Tatsache, wie wohl der Verkehr in Istanbul funktioniert oder was ich machen würde, wenn eine

Motorradstreife mich stoppen und eine Fahrzeugkontrolle machen würde - aber davon später.

HERAUSFORDERUNG 2: *Das Auto*

Wie gesagt, Walter hatte seien ersten Renault R4 mit Knüppelschaltung gebraucht gekauft.
Jeden Samstag lag er unter oder über dem Fahrzeug und präparierte es für die lange Tour. Bremsen, besonders Bremszylinder, Lenkung, Lichtmaschine, und Kupplung wurden überarbeitet und teilweise als Ersatzteile mitgenommen. In zwei großen Taschen hatte Walter alles zusammengestellt, was ihm erlaubte, möglichst allen Eventualitäten gerecht werden zu können.
Zusatzscheinwerfer und eine Alarmanlage- als Elektriker war natürlich alles möglich- wurden installiert. Fahrzeugdiebstähle waren nicht so an der Tagesordnung, aber wo wir hinfuhren, wussten wir nicht, was auf uns zukam. - Gott sei Dank.

Uns war damals in keiner Weise bewusst, dass „Renaults" in der Türkei nicht die gängigste Marke waren. Aber was man nicht weiß, macht einen nicht heiß! Der Renault war recht einfach konstruiert und im Notfall konnte auch improvisiert werden, wenn man dies dann konnte. Hier wird mir dann die Tragweite dieser Worte in Izmir bewusst, als 14 ausgebildete Mechaniker von 6 bis 50 Jahren unser Fahrzeug generalüberholten - auch hierzu später mehr. Walter hatte auch festgelegt, dass nach festgelegten Regeln die Räder sowohl von hinten nach vorne als auch diagonal getauscht werden, um einen möglichst gleichmäßigen Abrieb zu gewährleisten. Reifenpannen konnten wir uns eigentlich nicht leisten. Alle 2500 Km wurden die Zündkerzen geprüft und gereinigt. Genügend Schleifpapier und die notwendigen Messscheiben - 0,7 mm hatte Walter dabei. Beim Tanken wurde stets der Luftdruck geprüft und alle 1000 km brauchte unser „Pferdchen" einen Liter Öl, um geschmeidig zu bleiben (- die Zylinderkopfdichtung „schwamm" etwas).

Des Weiteren machte Walter jeden Morgen vor der Abfahrt einen kurzen Check, ob das Fahrzeug funktionsfähig war. Ölstand, Waschwasser, Kühlerflüssigkeit, Bremsflüssigkeit, Reifenprofil und Zustand wurden geprüft.

HERAUSFORDERUNG 3: *Die Verpflegung*

Walter war bekannt dafür, dass er so gut wie nichts mochte. Also gingen wir die Sache pragmatisch an. Keiner von uns besaß gastronomisch Vorkenntnisse - wie auch: Wenn ich heimkam, hatte Mutter das Essen auf dem Tisch und ich musste nur aufpassen, dass ich nichts verschüttete. Das Geld, um Essen zu gehen, hatten wir natürlich beide auch nicht - abgesehen davon, aber das erfuhren wir erst später, zur damaligen Zeit gab es nur äußerst selten Gasthöfe auf dem Lande, wo man einkehren konnte. Die armen Leute/Bauern haben sich selbst verpflegt.

Also gingen wir zu Edeka - wie gesagt war weit kleiner als heute - und suchten uns Trockensuppen und Dosen aus, die wir mitnehmen wollten.

Hört sich einfach an, nur wer Walter kennt, weiß, von wovon ich spreche.

Gemüse mag er nicht, Tomaten mag er nicht, Gulasch mag er nicht...

Wir haben uns dann auf Ravioli konzentriert - nur auf Ravioli!!!!!!
Zum Vesper hatten wir entschieden, einige Dosen Wurst mitzunehmen - auch hier war die Entscheidungsfindung recht einfach - Schinkenwurst war die einzige Wurst, die Walter aß! Wir hatten somit eine ausgewogene Ernährung sichergestellt - jede Dose hatte dasselbe Gewicht.

Einen Blechtopf und einen Campingkocher war unsere Küche.

Weitere Gedanken verschwendeten wir nicht an diese doch für uns nicht so wesentlichen Dinge.

Wir wollten etwas erleben und nicht essen gehen.

HERAUSFORDERUNG 4: *Die Ausrüstung einschließlich Finanzierung*

Ja, was nimmt man auf so eine Fahrt mit, bei der man überhaupt gar nicht weiß, was auf einen zukommt.

Zur Dokumentation hatte Walter seine Spiegelreflexkamera dabei. Ich habe mir von BAUER eine Super 8 Kamera gekauft. 15 Super Acht Filme hatte ich dabei - mir war klar, dass ich keine nachkaufen konnte - also war haushalten angesagt. (Zwischenzeitlich gibt es Bauer nicht mehr und wer kennt noch Super 8 Format oder kann die abspielen. Sicherheitshalber habe ich mir vor Jahrzehnten das Format in Kassette umgewandelt - aber dasselbe Schicksal hat mir wieder ereilt!). Nichts ist konstanter als der Wandel.

Walter hatte in seinem R4 das damals modernste Radio eingebaut - mit Kassettendeck!

Entsprechende Kassetten von Joe Baez, Jimmy Hendricks, Simon and Gar Funkel, Cat Steven Pink Floid - eben alles was so Richtung Woodstock ging. Das war auch gut so, denn ab der österreichischen Grenze hatte das Radio seine Begeisterung verloren - wir verstanden nichts mehr - keine lebende Sprache war mehr über den Äther zu hören.

Um überall ein Dach über dem Kopf zu haben, hatten wir ein 2 Mann Zeltchen dabei - 90 cm x 180 cm und 90 cm hoch. Vorteil davon war, dass es in 5 Minuten stand.

Das war aber bereits auch sein einziger Vorteil.

Ja, wie hat das damals Marco Polo gemacht - Kreditbriefe bei den großen Banken zu hinterlegen ging bei uns leider nicht. Erstens kannten wir keine Banken (wir waren Kunden der Darlehenskasse der Winzer- und Bauerngenossenschaft) und unser Geld war sehr überschaubar - Kredit war für einen Schwaben undenkbar und in dieser Zeit „konnte man das Wort noch gar nicht schreiben!".

Also nur Bares ist Wahres - das Risiko bestohlen zu werden, mussten wir eingehen. Wir haben es nach damaliger Sicherheitsstufe und Empfehlung auf dem Leib getragen.

Zur Verteidigung hatten wir unsere Fahrtenmesser und eine Dose Pfeffer Spray dabei.

Für die viralen und andere gesundheitlichen Attacken hatten wir unsere kleine Hausapotheke dabei - sie war sehr klein - und enthielt lediglich Pflaster, Kopfwehtabletten, Speeds, und Desinfektionsmittel. Wir waren jung und gesund! Wir hätten auch nicht gedacht, dass wir bei der Rückkehr der Reise ungefähr 10 Kg weniger wogen als beim Start, und das, obwohl wir beide - aber ganz besonders Walter - eher rachitisch als adipös waren. Sechs Wochen nach unserer Reise lag Walter auf der Intensivstation auf der Isolationsstation in Quarantäne und wog noch 35 KG!

HERAUSFORDERUNG 5: *Die Route*

Heute noch habe ich die Landkarte Maßstab 1:4500000 die Südeuropa bis in den Iran abdeckt. Kleinere Karten, ganz besonders östlich von Istanbul, wo der asiatische Teil begann, waren nicht erhältlich - wenigstens für uns nicht. Auch galt dort keine Versicherung für uns und das Fahrzeug mehr! Das war jedoch kein Hinderungsgrund für uns, was sollte uns schon passieren? Es war für uns relativ klar, Belgrad, Istanbul, Ankara und dann schauen wir mal. Zur damaligen Zeit fanden sehr blutige Kurden- aufstände statt und die Durchfahrt Richtung Indien war sehr zweifelhaft. Die Hauptstraßen - Autobahnen im heutigen Sinn gab es nicht - waren damit festgelegt. „Den Rest machen wir Vorort" - so dachten wir. Die Straße zwischen Belgrad und Nis` (an der Jugoslawischen / Bulgarischen Grenze) wurde Autoput genannt. Sie war eine „Rennstrecke" und sehr gefürchtet. Sie war berühmt und berüchtigt für Überfälle und Morde. Auf ihr fuhren sämtliche Schlepper und Banditen, um ihre Geschäfte zwischen Europa und dem Balkan abzuwickeln - man sagte damals, dass man dort möglichst auch nicht zum Pinkeln anhalten sollte, und wenn, dann aber auf alle Fälle den Motor laufen zu lassen und nicht vom Auto wegzugehen.

Des Weiteren gab es dort extrem viele und tödliche Unfälle durch Übermüdung. Die ca. 2000 km zwischen der türkischen und deutschen Grenze wurde von den Reisenden, die teilweise noch von viel weiter herkamen, aufgrund des Zeitmangels Non Stopp gefahren. - Hinzu kam, dass alle Fahrzeuge sowohl mit Menschen und Waren total überladen waren. Der Technische Zustand dieser Fahrzeuge war zudem äußerst fragwürdig. In der Nacht sah man die „Blindflieger" auf den Straßen.
Wir nahmen uns vor, diese Strecke in einem Stück durchzufahren und lediglich Fahrerwechsel zu machen.
Wir hatten jedoch noch ein Ass im Ärmel.
Die bereits vorher erwähnten Kokots hatten nicht nur ein Haus in Zagreb, sondern auch ein Haus am Meer in Zadar nicht weit weg von Sibenik, in das sie uns einluden und uns die Adresse mitgaben. Dies wurde von zwei älteren Damen bewohnt, bei denen wir uns melden durften - auch ein Erlebnis, auf das ich später zu sprechen komme.

Des Weiteren versorgte mich mein Vater, der Meister bei der Firma Robert Bosch in der Stanzerei mit 60 Mitarbeitern war, mit weiteren Adressen. Die Türken freuten sich, meinem Vater, der sie immer respektierte und gut behandelte, eine Freude zu bereiten. Sie versicherten ihm, dass sein Sohn gerne ihre Verwandten in der Türkei besuchen dürfte. Nur zur Beachtung, wir sprechen nicht von Koordinaten - oder gut lesbaren Adressen. Es waren „Fresszettel, auf denen mit „Krakelschrift" die Namen und Adressen - für uns insgesamt nicht so richtig verständlich - aufgeschrieben waren.

Auch dazu später mehr in Istanbul. Dies ist vielleicht heute damit vergleichbar, wenn Sie alleine in Tokio oder Shanghai unterwegs sind.

LOS GEHT'S - UND TSCHÜSS

Abschied von zu Hause - ja, die Tränen standen in den Augen - aber MAN zeigte es natürlich nicht. Klar war jedoch, dass wir nicht „jeden Tag" schreiben konnten - wenn überhaupt. Somit war die Definition, dass es uns gut geht und sich die Eltern keine Gedanken und Sorgen machen brauchen, recht simpel: wenn ihr nichts von uns hört, geht es uns gut und wir leben!!! (Ansonsten meldet sich sicher eine Botschaft oder die Polizei und ändern könnt ihr ja sowieso nichts.)

Was wir unseren Eltern zugemutet haben, lässt sich erst heute rückblickend nachvollziehen. Dafür möchte ich heute noch Abbitte leisten. Zur damaligen Zeit waren wir „so heiß" auf unsere Tour, dass wir uns darüber doch wirklich keine Gedanken gemacht haben.

Also jetzt endlich - los geht's.

Es war Morgen und wir wollten die erste Nacht durchfahren, um möglichst weit in den Süden zu kommen. Wir hatten es schon eilig.

Der Tank ist voll. Autobahnen im heutigen Sinne gab es nicht, wir in Deutschland hatten schon recht ordentliche Fernstraßen, die Autobahn hießen, aber verglichen mit den heutigen, eben nur Fernstraßen waren. So fuhren wir auch von Mühlhausen über Göppingen nach Ulm, um dort auf die „Autobahn" München zu kommen. Damals musste man noch durch München durchfahren - Umgehungsautobahnen oder Stadtautobahnen waren noch nicht erfunden. Salzburg und dann Richtung Süden, nach Klagenfurt. Wir stellten hier bereits fest, dass die Straßen schlechter und die „Dörfer" mehr wurden. Ab Klagenfurt über die Berge wurde es dann schon ganz spannend. Lastwagen versperrten die Straßen und untermotorisierte und überladene Personenfahrzeuge forderten unsere Geduld heraus. Bergauf wurden wir etwas langsamer und bei extremen Steigungen konnten wir fast nebenher gehen - das ging aber allen so. Als Autofahrer war man schon privilegiert, nicht laufen zu müssen! Das war die Speed der Zeit - schlecht gefahren ist immer noch besser als gut gelaufen. Zwischenzeitlich kam die Nacht und die total im Dunkel liegenden Passstraßen mit den blendenden Lichtern der LKWs machten das Fahren zur Anstrengung. Seitplanken zum Schutze gab es nicht. Ab und zu ein Steinmauer oder Pfeiler, um dem Durchfahrer zu signalisieren, dass es dort sehr tief in die Tiefe ging! Als der Morgen kam, sahen wir dann auch das eine oder andere Fahrzeug, das diesem Aufruf nicht konsequent gefolgt war, tief in den Schluchten liegen.

Ab über die Alpen - wir hatten so auf freier Strecke - ebenerdig und mit Rückenwind eine Reisegeschwindigkeit von ca. 90 km/h.
Wenn wir merkten, dass die Aufmerksamkeit und die Belastung zu groß wurden, suchten wir uns seitlich der Straße ein ruhiges Plätzchen und machten etwas Augengymnastik und ruhten uns aus. Kurz Schlafpausen im Auto brachten uns die Energie zurück, die wir brauchten. Walter schlug sich tapfer, er fuhr die ganze Strecke, da er mehr Erfahrung hatte und am Morgen hatten wir dann auch die Südseite der Alpen erreicht. Fruchtbares Land und relativ wenig Verkehr brachten uns dann bis Zagreb, das ich ja von meinem früheren Ausflug her kannte. Damals waren die Grenzen gut besetzt und jeder Übertritt wurde genau geprüft.
Es war auch durchaus üblich, dass man aussteigen musste, um sich persönlich im Zöllner Haus mit seinem Pass vorstellig zu werden. Es gab ja auch immer einen Stempel! Auf die waren wir natürlich besonders scharf - sie zeigten doch dokumentarisch, welche Länder wir bereist hatten!!!
Und gedauert hat das auch - aber auch das war halt so üblich und nichts Besonderes - es gehörte halt dazu.

Weiter Richtung Belgrad - die maximale Geschwindigkeit, die unser Gefährt erreichte, waren 110 km/h.

Üblicherweise war der Verkehr auch überschaubar und nur an „neuralgischen Stellen" wie z.B. Grenzen, Verkehrsknotenpunkten größeren Städten etwas dichter, wenn auch mit heutigen Verhältnissen überhaupt nicht vergleichbar. Wir stellten jedoch fest, dass, je mehr der Verkehr nachließ, die Hindernisse auf der Straße zunahmen. Heuwagen, Eselkarren, Viehhüter mischten sich unauffällig in den Verkehr. Wir folgten den Hauptstraßen und weiter Südlich den „ausgetretene Pfaden der Gastarbeiter", die teilweise aus Anatolien kamen und schon optisch als Person an ihrer Kleidung als auch ihres Fahrzeuges anhand der Anzahl der mitfahrenden Personen als auch der Dachbepackung leicht erkennbar waren.

Da lag sie nun, Titos Hauptstadt - und wir wussten, ab jetzt geht es auf den Autoput! Also es wird gefährlicher und wir müssen noch mehr aufpassen.

Wie gesagt, die „Autobahn" war von ihren Ausmaßen her gesehen eine heutige Bundes - oder Landstraße nur mit viel mehr Löchern. Leitplanken - was war das? Rasthäuser, Toilettenplätze konzentrierten sich auf die an der Straße befindlichen Tankstellen. Überall gab es Ein- oder Ausfahrten, auf dem auch die Landbevölkerung mit Ihren Ochsenkarren ihr Heu oder das Korn ins nächste Dorf heimfuhren. Omas und Opas standen mit dem Enkelchen und abgemagerten Kühen - meistens war es nur eine - am Straßenrand und beobachteten den durchreisenden Verkehr - Abwechslung im sonst so einfältigen und armen Leben der Bevölkerung. Das war eine Ablenkung zum täglichen Einerlei - obwohl es genauso langweilig war - jeden Tag dasselbe! Große Felder - wie wir sie aufgrund der napoleonischen Erbteilung nicht kannten und den sozialistischen Monokulturen charakterisierten.

Das machte auch klar, warum nur die ganz Jungen und die Alten das Sightseeing an der Fernstraße betrieben, der Rest der Bevölkerung kämpfte in den Kolchosen ums Überleben und die Erfüllung der Planziele. Kürbis, Sonnenblumen, Mais wechselte sich in eine endlos scheinende Ebene, die sich bis zum Horizont erstreckte, ab.

Lastwagen mit ihrer überhängenden Ladung bolzten über die Straße - rücksichtslos und wissend, dass sie die Stärkeren waren und die anderen sich in Acht nehmen mussten. Spektakuläre Überholmanöver, bei denen oft die Fahrzeuge hälftig auf dem nicht vorhanden Seitenstreifen auswichen, um dem Auto in der Mitte die Durchfahrt zu ermöglichen. Die anderen waren die Gefahr und sie waren in ihrer Kreativität unkalkulierbar und, - die Gefahr lauerte überall.

Jede Menge ausgebrannter und verunfallter Fahrzeuge standen am Straßenrand. Diese führten uns permanent vor Augen, dass diese Gefahren nicht zu unterschätzen waren. Zum Pinkeln hielten wir deshalb einfach am Straßenrand, mit einem Rad in der Pampa und schauten, dass wir schnell weiterkamen.
Also High Speed - so schnell es nun mal ging die Strecke hinter sich bringen. Walter fuhr immer noch und es war langsam an der Zeit, eine längere Pause zu machen.
Am Abend erreichten wir dann auch Nis. Gelegen an der Schlucht des Morava fanden wir ein Gasthaus und gönnten uns zur Feier des Tages ein Essen. Fleischspieße mit Salat und Reis - es war einfach nur köstlich.
Anschließend fuhren wir weiter und suchten uns ein ruhiges Plätzchen, auf dem unser Auto nicht so leicht erkennbar war, um im Auto zu schlafen. Wir hatten Angst, dass man uns überfallen und oder das Auto klauen würde.

Am nächsten Morgen erwachten wir und konnten es fast nicht glauben - wir waren schon in den Schluchten des Balkans. Ungefähr 1800 km hatten wir fast nonstop hinter uns gebracht. Jetzt wollten wir uns mehr Zeit lassen. Eben das erfahren, was uns so begegnete. Ungefähr eine Stunde weiter stießen wir auf die Grenze nach Bulgarien.
Ein Land, von dem wir so gut wie nichts wussten - es hat eine Schrift, die wir nicht verstehen - kyrillisch. Es soll noch ärmer sein als Jugoslawien. Wir nahmen uns vor vorsichtig zu sein und wollten aufpassen, dass uns nichts passiert. Der Grenzübertritt zeigte uns, dass wir tatsächlich eine neue unbekannte Welt erreicht hatten. Wir fuhren am Grenzposten auf die Seite und machten einfach das nach, was die vor uns Angekommenen machten. Unauffällig und leicht selbstbewusst betraten wir den Zoll und verstanden nicht, was die von uns wollten. Aber die Zöllner wussten, was Sache ist und

stempelten die Pässe ab und winkten uns zwei Jüngelchen durch. Geschafft!!
Die Gegend war flach und der Verkehr sehr spärlich. Wir machten Fahrerwechsel. Meine ersten Kilometer in „freier Wildbahn" ganz ohne Führerschein - was für ein Gefühl - in circa einer Stunde würden wir in Sofia, der Hauptstadt, sein. Das Auge eilte immer weit voraus, um zu sehen, ob irgendwelche Gefahren oder Herausforderungen in Kürze auf uns warteten. Dabei erblickte ich in einigen Kilometern Entfernung zwei Motorräder mit zwei schwarz gekleideten Personen. Beim Näherkommen erkannten wir die beiden Polizisten - zu spät, um einen Fahrerwechsel durchzuführen - da musste ich jetzt durch - ganz ehrlich, ich hatte das Herz in der Hose und die Hose voll mit....Angst. Ich stellte mir schon die Gefängnisse in Bulgarien vor, na eben das, was meine Fantasie so produzierte und das war gar nicht lustig.

SABENA war angesagt - **S**icheres **A**uftreten **B**ei **A**bsoluter **A**hnungslosigkeit.
Dies wollte ich so gut als möglich ausstrahlen, ich hatte ja auch sonst überhaupt keine andere Chance!
Die beiden sahen wirklich furchterregend aus - schwarze Lederstiefel, „SS Hosen", Lederjacken und Motorradhelme - beide groß und recht breit und kraftstrotzend. Sie repräsentierten mit ihrer gesamten Ausstrahlung und Präsenz die volle Kraft des Gesetzes. Wir, im T-Shirt, Sandalen, kurze Hose, blonden langen Haaren, die bis auf die Schulter verfilzt herabhingen. Wir waren jung, schlank und leicht, also das genaue Gegenteil von diesen Gesetzeshütern.
Sie machten eine Verkehrskontrolle - von welchem Verkehr eigentlich? Na ja, sie hatten Langeweile und da kam ein Auto, das sie nicht kannten - ein R4.Das war ein Fabrikat, das sie nicht kannten! Sie wollten ja nur unsere Papiere und einen Führerschein sehen. Mit den Einreisepässen ging das ganz gut - mit meinem Führerschein, war das schon etwas schwieriger - ich suchte. Was eigentlich - na ja, dachte ich mir, etwas musst du zeigen, sonst hast du gleich verloren und wenn wir kein kyrillisch lesen können, vielleicht geht es denen mit unserer Schrift ähnlich. Ich hatte meinen Schülerausweis mit Passbild auf gelbem Untergrund bei mir - einzige Chance - ich gab ihn dem Polizisten.

Ein kritischer Blick auf das Papier, und dann auf mich - Schei.... dachte ich.

Nicht in die Augen sehen - schön demütig sein.

Er drehte den Ausweis um - schaute mich wieder an –

ich hatte die leise Hoffnung, dass er mit mir bzw. uns Mitleid hatte.

Er machte ein sehr ernstes und wichtiges Gesicht, gab uns die Dokumente zurück und wünschte uns gute Fahrt - das haben wir jedenfalls so verstanden - und nichts wie ab und davon.

Als wir außer Sichtweite waren, legten wir zuerst eine kleine Pause ein, um unser Glück zu genießen. Also weiter nach Sofia. Die Stadt machte einen sehr armen Eindruck, die Gebäude waren nicht besonders prunkvoll - viel Grau, die Straßen schlecht, der Verkehr war auch sehr überschaubar. Für uns ein Vorteil, die Richtung Osten war klar, die Kreisverkehre zurückgehend auf die Römerzeit, einfach und gut zu lesen. Istanbul und Turkey war zu erkennen - außerdem hingen wir uns wieder an die türkischen Heimkehrerfahrzeuge. Die Hauptstraße war klar erkennbar und die Nebenstraßen ebenfalls. Bereits nach wenigen Metern war kein Verkehr mehr, keine Autos parkten, Kinder spielten auf der Straße - also, das war nicht unsere Richtung.
Die Hauptstraßen waren außerdem mit einem Linienbus befahren, der an einer Oberleitung hing. Flach, arm, weit - bis nach Plovdiv - einer Industriestadt. Die Abgase, die die Kamine rauswarfen, luden uns in keiner Weise ein, zu verweilen. Wir wollten die ca. 500 km Bulgarien möglichst schnell hinter uns bekommen und in die Türkei einreisen. Grenze bei Edirne - wieder das Auto auf die Seite stellen - Stempel holen. Weiter geht's.
Wir sahen eine riesige Moschee - so ein Gebäude hatten wir noch nie gesehen - also nichts wie hin und rein - na ja, was man tut und wie man sich richtig verhält, haben wir uns angeschaut und versucht, keinen Fehler zu machen. Es ging gut und die Leute waren sehr freundlich und hilfsbereit.
Immer wieder haben wir angehalten und versucht, auf den Feldern irgendwelches Gemüse oder Obst gegen unseren Hunger zu finden. Es gab junge, saftige Maiskolben, keine Melonen, nur Kürbisse und

soweit das Auge reichte, Sonnenblumen. Nichts zum Essen! Damit war das Mittagessen klar: Ravioli gab's!

Wir fuhren bis zur Einbruch der Nacht und schlugen dann in aller Kürze auf einem Feld unsere Villa auf.

ISTANBUL, 2000 KM VON ZUHAUSE

Am nächsten Morgen fuhren wir dann hochgespannt nach Istanbul. Dort hatten wir eine dieser tollen Adressen, die uns einen sicheren Hafen versprachen.

Inzwischen kostete der Liter Benzin nur noch 6 Pfennig - was wir als gutes Zeichen empfanden im Hinblick auf unser Reisebudget, von dem wir ja nicht wussten, mit was es strapaziert werden würde.

Jetzt wurde der Verkehr „dicker" und die Straßen breiter - auf einmal waren wir auf einer sechsspurigen Straße, die allerdings auf neun Spuren anschwoll, ohne ihre Breite zu verändern. Es ging kreuz und quer, der schnellere und größere siegt.

Ganz rechts - sie ersten drei Spuren waren von Esel und Kamelkarren belegt, dann kamen zwei bis drei Spuren LKWs und dann vier Spuren PKWs - und alles wälzte sich mehr oder weniger schnell und wirr auf eine Verkehrsinsel zu, die in einem mächtigen Kreisverkehr stand. Auf ihr, beziehungsweise in ihr auf einem kleinen Turm, stand ein Polizist, wissend seiner uneingeschränkten Macht und Dominanz. Er stand stolz, wie Kemal Atatürk persönlich gekleidet in weißen Stiefeln, weiße Manschetten an Armen und Beinen und einem weißen Helm. Mit imposanten Bewegungen dirigierte er den Verkehr oder besser gesagt, er versuchte das Chaos zu regeln.

Ganz ehrlich, ich war froh, dass Walter fuhr - alles um uns herum, sah fremd und anders aus. Jeder fuhr gerade dahin, wo sich ein Plätzchen auf der Straße ergab. Hupen war offensichtlich das Zeichen dafür, dass man den anderen kennt - und sie kannten sich offensichtlich alle.

Die Fenster waren offen - es war richtig schwül und heiß in der Stadt und der Verkehr heizte diese Situation und die Menschen zusätzlich an.

Die Fenster waren offen und jeder „sprach" mit dem Nachbarfahrzeug - babylonisches Gewirr für uns. Wir sahen in den Cockpits nicht nur Fahrer und Beifahrer, häufig waren darin ebenso viele Gesichter und Körper, wie der Fond fasste.
Häufig wurde kräftig geraucht und das Ganze machte den Eindruck eines fahrenden Bazars.

Mit einem Wort - Chaos!
Dazu kam für uns noch, dass kein Straßenschild lesbar war, wenn es denn eines gab. Wir hatten aber auch gar keine Idee, wie wir zu der Adresse kommen konnten, die auf unserm kleinen Zettelchen stand.

Hilfe - Hilfe!

Ich sagte Walter, er solle auf den Polizisten zufahren und vor ihm Parken, das Chaos auf dem Kreisverkehr vertrug uns auch noch. Ich sprang aus dem Auto und ging auf dem Polizisten zu, der signalisierte uns, weiter zu fahren - was ich natürlich nicht verstand. Ich signalisierte ihm in fließender Gestensprache, dass wir fremd seien - was er ohnehin sofort erkannt hatte - und zeigte ihm meinen Adresszettel. Er erklärte mir dann in fließend türkisch, wie ich da hinkam, unterstrichen mit reichlich Gesten und Handbewegungen. Achselzucken meinerseits und Unverständigkeit versuchte ich durch alle meine Poren auszustrahlen. Er versuchte es noch einmal - ich auch. Dann war ihm plötzlich klar, wie er die Situation retten konnte und uns zeigte, was echte, pure Gastfreundschaft bedeutet. Zwischenzeitlich war das Chaos nicht nur räumlich eskaliert, auch akustisch wuchs das Hupkonzert ins Unerträgliche. Der Polizist entschied sich, uns zu retten.
Er verließ seine Kreuzung und kletterte in unser Auto - auf den Beifahrersitz - ich nach hinten.
Er signalisierte mit seinen Armen die Richtung und auf welche Straße wir zu fahren hatten. Als wir aus der Kreuzung raus waren, ging es ganz gut und außer unser gegenseitiges Schweigen - was schon etwas peinlich war, aber was sollten wir auch miteinander reden, verlief die Fahrt einwandfrei. Nach ca. 45 Minuten - die Stadt schien kein Ende zu haben, kamen wir in ein Viertel, mit niedrigen Holzhäusern, auf den Straßen war kein Auto zu sehen. Er zeigte an, dass wir halten sollten. Wir stiegen aus. Seine erhobene Hand signalisierte, dass dies die Adresse sei, die wir suchten.

Wie konnte er das wissen!

- Keine Straßennamen erkennbar,
- Keine Hausnummer erkennbar,
- Keine Glocken oder Tür Namen erkennbar!

Wir konnten dazu ja nichts sagen - wir waren noch nie hier - und für uns war das alles fremd. Da war ein Teppichgeschäft und einige Personen saßen am Eingang. Der Polizist sprach mit ihnen und wir standen recht unbeteiligt daneben und schauten, was passierte. Einer der Männer kam auf uns zu und wir gaben ihm den Zettel mit der Adresse. Er nickte. Daraufhin gaben wir ihm einen Brief, den uns der Sohn des Hauses, der in Deutschland bei meinem Vater arbeite und seiner Familie mitteilte, dass wir aufgrund seiner Einladung willkommen zu heißen seien.
Jemand öffnete den Brief und las ihn. Nach kurzem Lesen: Begrüßung mit Umarmung und Küssen. Auch der Polizist wurde in den Kreis der neuen Familie aufgenommen. Ein kleiner Junge wurde weggeschickt und wir gingen nach hinten in die Wohnung und mussten im „Wohnzimmer" Platz nehmen. Alle Männer folgten und nahmen auf dem Boden Platz. Nach kurzer Zeit kam ein anderer Junge mit einem großen Silbertablett voll mit kleinen Teegläsern, dem Çay.
Wir hatten nur gehört, dass die Türken gerne diesen Tee trinken. Wie er aussah oder schmeckte, davon hatten wir keine Ahnung. Walter sagte zu mir, „Guck das mal an, da ist ja noch Gras in den Gläsern!" Es war natürlich kein Gras, die Frische Minze mit dem vielen Zucker, schmeckte herrlich erfrischend und vermittelte uns zusätzlich eine Wärme, die diese Menschen uns gegenüber ausstrahlten. Gleichzeitig erfrischte dieser Tee trotz seiner Hitze. Die Gläschen hatten keine Henkel und waren sehr heiß - also wie anfassen - schauen wir also, wie das die Einheimischen machten - es ging ganz prächtig. Also nochmals, herzlich Willkommen in Istanbul. Wir waren ihre Gäste, unterhalten konnten wir uns aber leider nicht - sie schwiegen also voll Respekt und Anerkennung uns entgegen. Nach ungefähr 20 Minuten, kam ein junger Mann in unserem Alter namens Nihat, der etwas Englisch sprach.

Er erklärte, dass er für die amerikanische Firma NCR arbeitete und etwas Englisch spreche. Er sah auch gar nicht türkisch aus - wie man sich eben einen Türken vorstellt.
Er hatte relativ helle braune Haare, die sogar ganz leicht auf den Ohren aufstanden!

Üblicherweise hatten die Männer mindestens 4 Fingerbreit die Haare über die Ohren hochgeschnitten und eher den militärischen Kampfhaarschnitt.

Jetzt wollten die Gastgeber natürlich wissen, woher wir kamen, woher wir ihren Sohn kannten, was wir beabsichtigten, und und und und.

Irgendwann später verabschiedete sich der Polizist, dem wir so herzlich als möglich zu verstehen gaben, dass wir ohne seine Hilfe in Istanbul sicher verloren gegangen wären und wir unsere neuen Freunde niemals gefunden hätten. Ihm war sicherlich irgendwann eingefallen, dass er seinen Kreisverkehr am Vormittag einfach so verlassen hatte - und es ja jetzt schließlich auf den Feierabend für ihn zuging. Die Türen zum Nebenraum wurden geöffnet und wir wurden gebeten, Platz am Tisch zu nehmen. Es sah köstlich aus, Viele Schalen mit Gemüsen, Fleisch, Reis, Fladenbrot, Früchte und Gerichten, die wir noch nie gesehen hatten und uns auch nicht vorstellen konnten, wie sie schmeckten. 1001 neue Geschmackserlebnisse wurden uns angeboten und wir durften alles probieren, so war das für mich. Für Walter war das jedoch ganz das Gegenteil - Er wusste ja genau, was wer mochte! - Und nur das stand für ihn zur Debatte. Davon war allerdingst nichts, absolut nichts auf dem Tisch. Seine Risikobereitschaft, neues zu probieren ging gegen null, sodass er sich vornehm zurückhielt. Ich zeigte gerne, dass ich das alles köstlich fand und griff freudig aber trotzdem zurückhaltend zu. Als wir fertig waren, wurde Wasser in Schalen gereicht in denen Zitronenscheiben schwammen, um sich die fetten Hände zu waschen, denn Geschirr gab es keines, wir haben alle mit den Händen gegessen. Bei Beginn des Essens hatten unsere Gastgeber uns dies gezeigt, dass man in der Türkei das Essen immer mit der rechten Hand zu sich nimmt.

(Später erfuhren wir dann, beim ersten Toilettenbesuch, dass die linke Hand für andere, persönliche Dienste eingesetzt wird.)

Langsam waren wir vom vielen Reden und den vielen neuen Eindrücken und dem „auf der Lauer liegen", um keine Fehler bei unserm Verhalten zu machen, das uns als Barbaren zeigt und unsere Gastgeber eventuell verstimmten, müde geworden. Nach dem Abendessen, ließen wir alles auf dem Tisch stehen und wir wechselten wieder in das vorherige Zimmer um beim Çay weiter die gegenseitige Neugier zu befriedigen. Zwischenzeitlich waren wir doch recht müde geworden und brachten durch dezentes Gähnen zum Ausdruck, dass wir uns freuen würden, wenn wir schlafen gehen könnten. Sie verstanden unsere Hinweise und Sie zeigten uns ein Zimmer mit zwei Betten darin, in denen wir schlafen konnten. Unsere neue Heimat. Alle verabschiedeten sich wortreich und Nihat teilte uns mit, dass er morgen früh wieder vorbeikomme, um uns zu unterstützen und uns die Stadt zu zeigen. Das fanden wir natürlich super und bedankten uns bereits jetzt recht herzlich dafür.
Ein toller, erlebnisreicher Tag ging zu Ende, in einer Stadt, wie wir sie noch nie gesehen und gefühlt hatten.

Wir waren sehr froh, in der riesigen Stadt, in einer fremden Kultur und für uns in allen Bereichen nicht nachvollziehbaren Verhaltensweisen einen „sicheren Hafen" gefunden zu haben. Zum ersten Mal in unserem Leben begriffen wir, was Gastfreundschaft bedeutet und wie wichtig sie ist! Und wir sollten die ganze Tragweite dieser Gastfreundschaft in den kommenden Tagen noch besser kennen lernen.
Als wir am nächsten Morgen erwachten, kurz nach 4 Uhr rief der Muezzin zum Morgengebet und die Tauben auf den Dächern vollführten extravagante und äußerst lautstarke Balzrituale, fiel uns erst auf, dass gestern Abend keine Frau beim Abendessen dabei gewesen war, und wir auch keine Mädchen zu Gesicht bekommen hatten. Bevor wir zum Frühstück gingen, führten wir unsere „rituelle" meist rudimentäre Reinigungszermonie aus: Hände und Gesicht waschen, Zähne putzen. Ein Krug mit Wasser stand dort, aber wohin mit dem Zahnputzwasser?
Na ja, dann halt mal schlucken, ein Ausguss war nirgends zu sehen. Diese beiden Fragen stellten wir dann Nihat, als er kam. Die Antwort war sehr einfach.

Wenn die Männer gegessen haben, verlassen sie den Raum und die Frauen und Mädchen können das essen, was die Männer übrig gelassen haben. Deshalb essen die Männer auch nicht alles auf und lassen entsprechend dem Respekt für die Damen etwas übrig. Zu dem Thema Waschen, erfuhren wir, dass die Frauen in Krügen auf dem Kopf das Wasser mehr als 3 Kilometer herantragen mussten und sie deshalb kein Wasser für eine unnötige Verschwendung wie z.B. Zähneputzen verwendeten.

So viel zur täglichen Hygiene und wir haben uns sofort den örtlichen Gegebenheiten angepasst. Es war uns schon etwas peinlich, dass wir dies nicht gewusst und beachtet haben. Wir hielten kurz Kriegsrat und Nihat fragte uns, was wir alles sehen wollten. Klar, die Haghia Sofia und die Blaue Moschee kannten vom Hörensagen und von Bildern. Einen großen Bazar soll es geben und na ja, zeig uns mal, was Istanbul so zu bieten hat. Das nächste Dolmusch angehalten und ab ging es - Dolmusch fahren war für uns natürlich total neu - fanden wir aber super, wir hatten ja jemanden dabei, der sich auskannte und die Sprache sprach. Er wies uns noch darauf hin, unser Geld so zu platzieren, dass es nicht so leicht gestohlen werden konnte und den Fotoapparat und die Kamera festzuhalten

Der Verkehr war irre, jeder fuhr einfach los und jeder hupte jeden an, alle passten auf alle auf, jeder war im Recht und insgesamt ging es - meistens - gut. Lautstark bot jeder seine Ware oder was auch immer an und der Puls des Lebens flog im Übermaß.

Farben, Gerüche und Lautstärke musste von uns zuerst einmal verdaut werden.

Raus aus dem Dolmusch, umsteigen, in den nächsten rein. Irgendwann aussteigen, wir waren am großen Bazar. Wir dachten an Marco Polo und die Wikinger, ein Umschlagplatz für die ganze Welt und ihre mannigfaltigen Produkte. Gold ohne Ende, Stoffe, Leder, Antiquitäten - wenn es denn welche waren, Gewürze und und und...

Das Auge konnte das alles gar nicht so recht aufnehmen. Es wuselte von Menschen, und jeder Verkäufer bot seine Ware feil - lautstark und selbstbewusst.

Irgendwann sehnten wir uns nach Ruhe und nur einige Schritte weiter, in der Sultan Achmed Moschee fanden wir sie dann auch. Nihat machte uns mit den Gebräuchen der Moslems bekannt - die er natürlich besten beherrschte, führte jedoch aus, dass er es mit der

Religion nicht ganz so ernst meinte und auch ab und zu ein Bier oder einen Rake trinke. Also gönnten wir uns zur Erfrischung - es war übrigens im Juli richtig heiß in Istanbul - ein eiskaltes Bier und Nihat wusste natürlich, wo es diesen eiskalten Traum gab. Dann ging es zur Haghia Sofia weiter - die größte Kuppe der damaligen Welt und trotz mehrerer Erdbeben nie eingestürzt. Runen der Wikinger sind noch zu sehen und die geometrischen „Bilder" des farbigen Marmors sind unbeschreiblich.

Die Holzhäuser in der Altstadt gaben uns noch einen Eindruck, wie in der Vergangenheit die Einwohner gelebt haben. Das große Aquädukt, unter dem der Verkehr durchfließt, beeindruckte uns und dann gingen wir noch ins Topkapi Museum.

Nihat kannte sich bestens aus und beantwortet unser Fragen. Er war ein toller Führer. Also, da standen wir im Topkapi Museum und wussten nicht, ob wir rein sollten oder nicht. Es war relativ teuer bei unserm doch überschaubaren Budget. Während wir so diskutierten, wurde Nihat ganz still. Zwei junge Damen in weißen Kleidern - ja, Kleider konnte man nicht so recht sagen, Miniröckchen, die so kurz waren, dass bei schneller Bewegung der Slip kurz hervorschaute, betraten die Eingangshalle. Sie hatten blaue Augen und blonde Haare, die bis zum Po reichten Sie waren höchstens 1.60 Meter groß und dabei mit Brüsten ausgestatte, die keinen Platz fürs Träumen offen ließen.

Ihre Haut hatte die Farbe von Bronze und war samten wie das einer Aprikose.

Sie waren nicht nur einzeln - nein, sie waren zu allem Überfluss auch noch eineiige Zwillinge.

Wir vergaßen uns Gedanken bezüglich des Eintrittsgeldes zu machen. Soweit die Deutschen, Nihat war da schon viel weiter, er ging auf die Damen zu und wir erkannten am Klang seiner Stimme, dass er den gesamten Honig des Morgenlandes den Prinzessinnen darreichte. Der Morgentau und die Frische des Südwindes umschmeichelten die Schönheiten in Gänze. Der Raum war bis ins Gewölbe mit frühlingshaften Hormonen angefüllt und der Sauerstoff begann sich zu verflüchtigen.

Die Damen sahen uns schon mit einem gewissen Interesse an, wir hatten ja auch schließlich blonde Haare und blaue Augen und unsere Haare waren viel länger als das der türkischen Jungs - aber es war leider klar ersichtlich, dass wir nicht in „ihrer Liga" spielten. Sie gingen dann weiter und wir waren für den Rest des Tages desillusioniert. Solche Frauen hatten wir noch nie gesehen, und wir waren mit ihnen in einem Raum gewesen. Unvorstellbar. In einem mohammedanischen Land, so viel Schönheit, so offen und natürlich gezeigt, das war einfach für uns nicht vorstellbar. Was interessierte uns noch die Haghia Sofia.

Na ja, vielleicht war es Erschöpfung von den vielen Eindrücken, die auf uns eingestürmt waren. Wir fuhren zurück.

Nihat sagte uns, dass wir am Abend - so gegen ca. 22.00 Uhr in ein Lokal gehen würden zum Abendessen und wir Gäste unserer türkischen Freunde seien. Das hörte sich gut an und wir machten uns landfein für das Abendessen, das aus unserer Sicht doch relativ spät war. Wir mussten noch begreifen, dass die Hitze des Tages erst gegen Abend erträglich wird und das Abendessen eben bis weit in die Nacht hinein geht.

Wir fuhren mit dem Wagen durch das nächtliche Istanbul und wir waren uns sicher, wir hätten nie wieder zurückgefunden. In der Nacht erwachte diese Stadt erst zu ihrer vollen Blüte. Das Leben pulsierte aus jeder Gasse und überall waren die Leute auf der Straße und erfreuten sich ihres Lebens.

Bevor wir in das Restaurant gingen, fragte Walter, was es denn da so zu essen gäbe. Ich bat ihn inständig, aufgrund der Gastfreundschaft das zu essen, was die Gastgeber für uns bestellen würden - das hatte ich bei Karl May gelernt! Leider wusste ich nicht, was das bedeuten würde, und wir hatten beide viel daran zu knabbern.

Das Lokal war gut besucht und die Stimmung toll. Unsere Gastgeber bestellten. Wir hätten ja die Karte nicht lesen können und außerdem hätten uns die Speisen nichts gesagt. Viele kleine Vorspeisen und Schälchen mit allerlei Köstlichkeiten wurden gereicht und wir nahmen sie rechts händisch zu uns. Dann kam das Hauptmenü und die höchste Ehre erweist der Gastgeber seinem Gast, wenn er diesem die Köstlichkeit mit seiner Hand in den Mund reicht - das ging uns dann auch so. Hinterher haben wir dann Nihat gefragt, was wir denn da so „Köstliches" alles gegessen hätten.

Wir waren Papp voll und konnten nicht mehr.

Als Nihat dann so die verschiedenen Gerichte übersetzte, ging es uns beiden dann schlagartig nicht mehr so gut und wir mussten kurz auf die Toilette - ums Eck - Hammelhoden war eine dieser Leckereien die unser Gastgeber ausgesucht hatte, um uns höchste Ehre zuteilwerden zu lassen.

Auch dieser Tag war absolut unbeschreiblich, die Menge und Farbigkeit der Eindrücke und Erfahrungen, die wir erleben durften, waren unbeschreiblich.

Bevor wir ins Bett gingen, teilte uns Nihat mit, dass man morgen zu einem Picknick ans Schwarze Meer fahren wolle und wir freuten uns schon darauf. Gute Nacht Istanbul.

Unser Freund der Muezzin, an den wir uns einfach nur gewöhnen mussten - und der machte je ein großes Stück dieses orientalischen Flairs aus - weckte uns wieder pünktlich. Auch die Tauben waren wieder aktiv und sehr ermunternd. Wir standen auf und beschlossen, auf eigene Faust die Gegend um unsere neue Heimat zu erkunden.

Plötzlich hörten wir ein rechtes Geschrei eines älteren Mannes. Wir kamen an die Straßenecke und konnten beobachten, wie ein Mann mit einem Kind schrie und schimpfte. Er trat nach dem kleinen Jungen, der vielleicht sechs Jahre alt war. Und gab ihm reichliche Kopfnüsse. Offensichtlich machte er sich auch keine Gedanken, den Jungen verletzten zu können. In der rechten Hand hielt er einen Holzstab, der aussah wie ein Holzscheit. Er kam immer mehr in Rage und als seiner Meinung die Kopfnüsse nicht mehr ausreichten, das Vergehen des Jungen, was immer es auch gewesen sein sollte, zu sühnen, zog er ihm den Holzscheit über den Kopf. Wir hörten das dumpfe Knacken als es auf den Schädel traf. Wir befürchteten Schlimmes, hatten aber Angst, uns einzumischen - ohne die Sprache zu verstehen und ohne zu wissen, was eigentlich passiert war. Allah sei Dank, der Junge ergriff die Flucht und der Alte stand da mit seinem Zorn und Stock. Er sandte ihm offensichtlich noch einige gute Wünsche und Verfluchungen hinterher und ging zurück in seinen Laden. Wir gingen unauffällig weiter und waren froh, dass nichts Größeres passiert war. Wenige Straßen später sahen wir dann die Damen, von denen uns Nihat berichtet hatte und die am Morgen für das Wasser des Tages zuständig waren. Sie trugen auf ihren Köpfen Eimer und Schüsseln, in denen Sie das Wasser vom Brunnen holten, der etwa drei Kilometer entfernt war. Einige hatten noch kleine Kanister in den Händen. Man sah ihnen an, dass es keine leichte Arbeit war.

Ja, viele Dinge, die für uns zu Hause selbstverständlich waren, waren hier noch nicht angekommen und bedurften großer Anstrengungen oder waren gar nicht verfügbar.

Kurze Zeit später ging das Geschrei von neuem los. Diesmal war es ein Mann, der mit einer jungen Frau stritt, schrie und sie heftig schlug. Er war jedoch nicht allein, sondern ungefähr fünf bis sechs Männer waren bei ihm. Sie alle machten einen äußerst bedrohlichen Eindruck auf die Frau - und natürlich auch auf uns. Wir drücken uns in eine Gasse und beobachteten weiter, was geschah. Plötzlich flog ein Stein und noch einer und dann viele. Die Frau wurde getroffen und schrie auf. Weitere Steine flogen, von denen keiner die Frau ernsthaft traf. Sie versuchte wegzulaufen, was ihr schließlich auch gelang. Wir waren bedient, innerhalb einer Stunde hatten wir genug gesehen, um uns vorstellen zu können, was alles möglich war - einfach alles und das brutale dabei war, dass die anderen Leute sich nicht darum kümmerten und sie die Streit und Händel passieren ließen. Eine Polizei oder ähnliches war nirgends aufgetaucht oder sichtbar.
Das merkten wir uns für unsere weitere Reise – Fazit - wir sind allein und müssen alleine mit allem fertig werden. Später, als Nihat kam, erzählten wir ihm die Geschichten - er erklärte relativ gelangweilt - ja, da ist halt so und man hält sich am besten dabei ganz heraus! Das ist Familienangelegenheit.

Wir fuhren dann - zwei ganzer Wagen voll Männer Richtung Schwarzes Meer. Entlang dem natürlichen Kanal, der das Mittelmeer von den Dardanellen aus mit dem schwarzen Mehr verbindet und den bereits Jason so heldenreich bezwungen hat.
Schöne Häuser entlang der herrlichen Landschaft, mit Blick auf den Kanal säumten die Straße. Nach mehr als einer Stunde kamen wir am Schwarzen Meer an.

Wir suchten uns ein Stück Strand, auf dem wir unser „Lager" aufschlugen.
Feuer wurde gemacht und Fleischspießchen und Gemüse, Fladenbrot und Tee wurden gereicht. Die Türken unterhielten sich fleißig - wovon wir natürlich nichts verstanden und Nihat versucht die Konversation - die aus vielen Fragen bestand, zu bewältigen. So, wie für uns vieles neu und unverständlich war, war dies auch für die

Istanbuler dasselbe mit uns. Sie wollten wissen, wie unsere Reiseplanung war - klar, sie wollten wissen, wann sie unseren Schlafraum wieder bekämen, in dem eigentlich die Mädchen schliefen und wohnten und den man kurzerhand enteignet hatte. Die Mädchen wurden einfach alle mit den Frauen zusammengelegt. Auch darüber hatten wir uns ursprünglich keine Gedanken gemacht. Im Sinne des Gastrechtes und der Gastfreundschaft wird alles untergeordnet. Des Weiteren versteht es sich aus türkischer Sicht, alles zu tun, um dem Gast Großzügigkeit und Respekt zu zeigen, um sich, seiner Familie und dem Land die Ehre zu geben. Also würde niemand fragen, wann wir weiter ziehen würden, obwohl uns klar war, dass das, was die Leute für uns taten, das alltägliche und die damit verbunden Kosten, bei weitem übertrafen. Restaurantbesuche und Ausflüge ans Meer etc. waren in ihrem täglichen Budget und Zeitplan nicht enthalten. Wir erzählten ihnen, dass wir vorhatten, durch das Kurdengebiet in den Iran zu fahren. Ihre Gesichter wurden besorgt und sie erklärten uns ausgiebig, dass sie uns davon dringend und sehr intensiv abraten würden. Die Kurden würden auf alles schießen, was nicht kurdisch wäre. Sie machten dabei keinen Unterschied zwischen Türken und anderen Reisenden und würden diese teilweise entführen, um sie gegen Lösegeld - manchmal freizulassen - manchmal aber auch nicht. Sie empfahlen uns stattdessen in den Süden der Türkei entlang der türkischen Riviera unsere Reise fortzusetzen, das sei wunderschön und außerdem weit ungefährlicher.

Um die Gastfreundschaft unserer Gastgeber nicht weiter zu strapazieren, beschlossen wir, relativ zeitnah unsere Reise vorzusetzen. Wir entschlossen uns, ihrem Rat zu folgen und uns nach Süden zu wenden. Als dies Nihat erfuhr, druckste er etwas herum und brachte nach einiger Zeit eine Frage hervor. Er hätte noch Urlaub und wüsste nicht wohin fahren. Er könnte doch vielleicht uns begleiten und uns als Führer und Übersetzer dienen. Er würde auch nicht viel Platz brauchen (könnte auch im Auto schlafen) und sich an den Kosten beteiligen.

Wir hätten auch keine Schwierigkeiten oder Komplikation zu erwarten, denn wenn „seine Zeit um wäre" würde er einen Fern Bus nehmen und zurück nach Istanbul fahren. Wir sahen uns an und waren der Meinung, dass sich das nicht schlecht anhörte.

Bezüglich der weiteren Route, waren wir noch in Diskussion. Wir wollten ja ursprünglich Richtung Ankara, Van See, Berg Ararat und dann weiter nach Osten.

Wie wir jetzt erfuhren, waren die Überfälle der Kurden sehr blutig und nicht kalkulierbar. Wir hatten diesbezüglich auch in den Zeitungen Bilder gesehen. Alternativ empfahl man uns, die Küste in den Süden Richtung Bodrum zu besuchen und die Schönheiten der Küste und bedeutenden Städten der Frühgeschichte kennenzulernen.

Uns war am Morgen klar geworden, wie hilflos wir eigentlich waren und beim Übersetzen über den Bosporus hörte ja auch die Versicherung für Mensch und Fahrzeug auf. Wir hätten dann Europa verlassen und wären dann in Asien - die dort auftretenden Risiken wurden auch von keiner Versicherung abgedeckt! Ein weiteres Zeichen, dass hier die Welt doch etwas anders tickt.

Nihat war auch ganz begeistert an der Küste entlang in Richtung Süden zu fahren - er kam plötzlich mit einer tollen Idee heraus und teilte uns mit, dass die beiden eineiigen blonden Helleninnen aus dem Topkapi Museum in Izmir wohnten und er die Adresse der Damen habe und sie uns auf einen Besuch eingeladen hatten. Sie meinten aber sicherlich nur Nihad.

Ein weiteres Argument, in den Süden zu fahren ☺

Wir beschlossen, den Kurdenaufständen aus dem Wege zu gehen und uns südlich entlang der Küste zu halten.

Am nächsten Morgen stand dann Nihat mit einem kleinen Reisetäschchen da und wir verabschiedeten uns von unseren Gastgebern. Sie waren sicherlich froh, uns los zu sein, ließen sich das aber auf keinen Fall anmerken. Nihat durfte auf den Rücksitz, sein Täschchen fand problemlos Platz irgendwo hinten. Als wir aus „unseren Viertel" raus waren und wieder auf einer Hauptstraße fuhren, wie das ging hatten wir ja die letzten Tage beobachten können, hielten wir uns in Richtung Osten - zur Fähre über den Bosporus. Nihat konnte ja auch die Hinweisschilder lesen und so ging alles prima.

Rauf auf die Fähre, zwischen, Autos, Lastern, Tieren und Menschen, ein bunter Haufen Chaos. Die Fähre war auch nicht mehr die Neueste aber wir dachten, dass sie die letzten vielleicht 100 Jahre gedient hatte und diese eine - für uns wichtige Fahrt - auch noch hinbekommen würde.

Anlanden - jetzt waren wir in ASIEN!!!!!

Auf der Europäischen Seite tobte das Leben, hier waren die Häuser einfacher, die Menschen offensichtlich - ärmer und zurückhaltender und der Verkehr sehr überschaubar, was uns in keiner Weise störte. Die Stadt war schnell zu Ende. Wir folgten den Lastwagen und dann ging es in Richtung Bursa.

Wir fuhren am Meer entlang, eine wunderschöne Landschaft, urig, und unverbaut, wie sie eben seit Jahrhunderten, wenn nicht Jahrtausenden, existierte. Wenige Menschen lebten dort und in kleinen Häusern, die alle ummauert waren. Von Hunden geschützt betrieben sie ihre Landwirtschaft. Ziegen und Schafherden weideten in der unberührten Landschaft, häufig nur von einem kleinen Jungen oder der Oma oder dem Opa mit einigen Hunden behütet. Jeder wusste, was er zu tun und lassen hatte - die Ziegen wussten es, die Hunde und natürlich auch der Aufsicht - diese Ruhe und Beherrschung der Natur mit Ihren Geschöpfen war seit Jahrhunderten trainiert - wir fühlten uns wie zu Zeiten Jesu. Transportmittel waren Esel oder einachsige Karren, die von Kamelen, Kühen oder Eseln gezogen wurden. Überall reiften Früchte, Pfirsiche, Aprikosen, Birnen, Trauben und Melonen. Unsere Versorgung vitamintechnisch war absolut gesichert. Die Bauern boten überall entlang der Straße - gegenüber ihren Feldern - ihre frisch geerntete Ware, die kunstvoll in Pyramiden geschichtet feilgeboten wurde an.

Als wir dann an einem an der Straße aufgebauten Stand anhielten, zeigte es sich, dass die Entscheidung Nihat mitzunehmen äußerst positiv war. Wir wollten Pfirsiche - Sheftalis wie die Türken sagen - er begrüßte den Verkäufer und uns gingen in der Zwischenzeit die Augen über. Solche Früchte an Größe und Aussehen hatten wir noch nie gesehen. Und der Duft war überwältigend. Nihat tat eher gelangweilt und wir hatten das Gefühl, dass er die Ware in Frage stellt. Daraufhin durften wir alle probieren - was absolut üblich ist und wir uns sofort einprägten. Jeder probierte eine dieser mehr als faustgroßen Früchte. Lecker - also, wir nahmen drei Stück - über den Preis feilschte er jetzt und wir zahlten lediglich einige Pfennige. Bevor wir gingen, forderte uns Nihat auf, dass jeder von uns noch einen Frucht so mitnehmen - das sei auch durchaus üblich und nichts Anrüchiges - wir folgten ihm bereitwillig und gerne. So ging

Einkaufen auf Türkisch im Jahre 1972. Wir hätten uns das nie getraut!

So ging es weiter, bei allen Mittagessen - Nihat suchte immer kleine Geschäfte auf, in die wir nie hineingegangen wären und bestellte was wir wollten und fast alles war für uns neu. Die CORBA-Suppe mit Tomaten, Fleisch, Kartoffeln und Gemüse oder mit Paprika und Reis war stets köstlich und wir vertrugen sie auch gut. Manche Gerichte waren dann doch für unseren Geschmack und die Verdauung etwas strapaziös - aber die Kosten waren so gering, dass wir auch problemlos darauf verzichten konnten. Frische Joghurts, die kalt gereicht wurden und mit Honig oder Karamell und Früchten versüßt wurden, waren in der Hitze des Tages eine feine Erfrischung. Das türkische Brot war klasse und wurde unser täglicher Begleiter. Zudem lag es ebenfalls im Pfennigbereich und wir hatten immer etwas zum Kauen. Am ersten Abend verfrachteten wir Nihat in das Auto und teilten ihm mit, dass es dort eine Alarmanlage gebe. Er war also eingeschlossen für die ganze Nacht und konnte nicht einmal pinkeln gehen. Wir hatten Angst, dass Nihat mit unserm Zeug sich vom Acker machte und wir dann mitten in Ostanatolien ohne alles dastanden.
Er akzeptierte das und wir schlugen unser Zeltlein auf. Natürlich nicht auf einem Campingplatz - das gab es dort keine in der Gegend, mitten in der Pampa auf einem Feld.
Als wir am Morgen gesund und munter erwachten - wir hatten trotz der Entfernung zum nächsten Dorf und damit Moschee den Muezzin gehört - entschieden wir, dass wir Nihat zukünftig nachts nicht mehr in das Auto einsperren würden.
Wir stellten dann am folgenden Tag fest, dass es wohl auf der Route, auf der wir fuhren, keinen Tourismus gab und damit auch keine Campingplätze. Also machten wir aus der Not eine Tugend und fuhren dann eben jeden Tag solange, bis die Dunkelheit einbrach und wir einen geeigneten Zeltplatz fanden.
Wir achteten dann darauf, dass wir nicht in Sichtweite eines Dorfes oder einer Herde Tiere waren, um keine nächtlichen Störungen zu erleben. In wenigen Minuten war unser Zelt ja aufgebaut und das Licht gelöscht. Wir wollten nicht auffallen und damit Ziel für irgendwelche Überfälle werden. Aber Nihat zeigte uns am nächsten Abend, dass es eine bessere Alternative gab, die wir aus unserer

Sicht nicht gesehen haben, die aber viel bequemer und sicherer war als unsere Zelt.

Ein Gasthaus - manchmal stand auch Hotel an der Türe - wobei aus unserer Sicht der Name Hotel sehr euphorisch war, jedoch die Kosten pro Nacht und Bett die Realität durchaus widerspiegelten. 3-4 DM für uns drei, bezahlten wir für unser trockenes und häufig auch akzeptables Bett in einem abschließbaren Raum.

Eine Toilette war auch dabei - häufig jedoch als Etagentoilette- was aber alles in allem etwas „ambivalent" war.

Das machte alles in allem unsere Reiserei einfacher und sicherer. Da die Hotels stets kleine und bescheiden Häuser waren und zur damaligen Zeit die Straßen nicht zugeparkt, stand unser Auto auch immer in Sichtweise von unserem Zimmer. Dies gab uns auch zusätzliche Sicherheit, da wir bei einem Einbruch die Alarmanlage gehört hätten. Ob uns das allerdings etwas gebracht hätte, möchte ich rückblickend stark bezweifeln.

Somit begann jeder unserer Tage bei Sonnenaufgang mit dem Ruf des Muezzins. Auch in den weiteren Wochen wurden wir vom morgendlichen Turteln und Balzen der Tauben verwöhnt, was sich dann auch weiter über alle Länder am Mittelmeer erstreckte. Heute, wenn ich Tauben höre, erinnert es mich an diesen „Lockruf", der mir damals ziemlich auf die Nerven ging.

Es war ein ruhiges und entspanntes Reisen. Wir fuhren auf angeblichen Hauptstraßen, die üblicherweise aus einer geteerten Mittelspur, und die andere Hälfte jeder Spur aus glattgefahrener Erde bestand. Wenn kein Gegenverkehr vorhanden war, fuhren alle auf der geteerten Mittelspur und mussten eben rechtzeitig diese mit der Hälfte des Fahrzeuges verlassen, wenn andere Fahrzeuge entgegen kamen. Nur wenn die großen Lastwagen kamen, musste man höllisch aufpassen, sie machten sich ein Spiel daraus, möglichst spät, wenn überhaupt, die zentrale Spur zu verlassen und dem Gegenverkehr auch den nötigen Platz einzuräumen.

Die Landbevölkerung mit Ihren Karren und Tieren bewegten sich grundsätzlich auf dem nicht asphaltierten Seitenstreifen, den der motorisierte Verkehr immer dann benutze, wenn wie gesagt, der Gegenverkehr die Straße für zwei Fahrzeuge zu eng werden ließ. Wenn dann die Situation zusammentraf, dass Gegenverkehr auftrat und gleichzeitig Eselkarren und Tiere auf der Straße zusammentrafen, wurde es recht kitzelig.

Es gab das „tolle Spiel: wer verliert als erster die Nerven" – also so lange als möglich keinen Platz zu machen um zu sehen, wer hat die besseren Nerven, wer verlässt als erster die Straße. Besonders prickelnd war die Variante mancher LKW-Fahrer, die noch Gas gaben, um die Situation noch prekärer zu machen! Sie rasten mit voller Kraft auf den „Gegner" zu. Entsprechende Unfallfahrzeuge - total zerstörte Wracks - sah man von Zeit zu Zeit. Speziell beim Überqueren der Bergrücken die sich trotz des Meeres immer wieder hoch in den Weg legten, sah man die Schrotthaufen der ehemals mutigen Fahrer tief in den Schluchten liegen.

Bremsversagen, Überladung und fehlende technische Kontrolle, unterstützen sicherlich diese Resultate.

Besonders in der Nacht wurde es sehr spannend und gefährlich - die Lichter besonders der LKWs waren alle zu hoch eingestellt, um möglichst weit zu sehen und den „Gegner" erblinden zu lassen. Das war jedoch noch eher das geringere Übel! Viele der Fahrzeuge hatten nur ein Licht oder fuhren eben nur mit Standlicht oder Parkbeleuchtung, um vielleicht die anderen Fahrzeuge nicht zu sehr zu blenden (hahaha)! Da wir jeden Morgen vom Muezzin sehr früh gerufen wurden, entschieden wir uns, in der Nacht nicht zu fahren und unsere exklusiven Hotels oder Luxuszelt voll zu nutzten. Sicher ist sicher.

Zypressen und viele verlassen wirkenden Häuser, in denen jedoch Menschen lebten umringt von einer landwirtschaftlichen Umgebung, die bereits weitgehend abgeerntet war und nur Dürre widerspiegelten Verbindung mit vielen Ruinen versetzten uns entlang unsere Reise zurück in die Vergangenheit - Militärlager, wie Nihat sagte, in der die Soldaten ausgebildet oder stationiert waren. Ob der Stacheldraht und die Sicherheitszonen zum Schutz der Insassen von äußeren Angriffen dienten oder um die Insassen im Lager zu halten können wir nicht sagen. Des Weiteren durchzogen Kahlflächen das Land, die künstlich, offensichtlich aus militärischen Gründen, angelegt worden waren. Sie liefen Schnurgerade mit einer Breite von ca. 500 Metern quer durch das Land - über Täler und Höhen - egal immer gerade aus! Nihat hatte auch bedient, wie er uns berichtet, umso mehr war für uns erstaunlich, wie er sich in so vielem von den anderen Türken unterschied. Seiner Kleidung, Haarschnitt und Haarfarbe war eher „europäisch".

Dies war für uns sehr positiv, dass wir beide ja sowieso als Ausländer sofort erkannt wurden und Nihat dadurch automatisch adaptiert wurde. Die Einheimischen gingen nicht davon aus, dass einer von uns türkisch sprach und nahmen deshalb an, dass wir für sie „leichte Beute" waren. Ebenso, wie die anderen, jedoch selten durchkommenden, Touristen. Wir hatten eine lockere und schöne Zeit und genossen die unverdorbene Landschaft und die stressfreien Tage. Wir fuhren dorthin, wo wir es für interessant hielten und machten, was wir gerade Lust hatten.

Als nächstes größeres Ziel wollten wir nun die Ladies in Izmir besuchen. Ein Tag zuvor begegneten wir wieder mehreren LKWs die sich ihrer Größe sehr bewusst waren und provokativ die Straße befuhren, Dabei geschah es, dass uns einer dieser Provokateure hart erwischte. Er wich nicht genügend weit auf seien Seite aus, wodurch er noch in unsere „Straßenmitte" reichte und damit unseren R4 auf der Gesamtklänge touchierte. Erst stoppte er kurz und sah nach, ob jemand verletzt war - dann fuhr er einfach weiter!!

Polizei rufen? Wozu - wir sind in Anatolien und damit in Asien!

Wir hatten recht weiche Knie und schauten uns den Schaden an. Das gesamte Fahrzeug war auf seiner Länge verschrammt und beschädigt. Die Lenkung hatte einen mächtigen Schlag. Gott sei Dank, der R4 war fahrbar und wir hatten weder ein Licht noch sonst etwas „Wichtiges" eingebüßt. Abgesehen davon, war unser R4 in seinem jetzigen Zustand wahrscheinlich immer noch vielfach sicherer und besser als die Vielzahl der Autos, die hier fuhren.
Nihat sagte uns, dass es keinen Sinn mache, nach dem Autofahrer zu suchen oder die Polizei diesbezüglich zu informieren. Außer viel Gespräch und endlosen Diskussionen und viel Papier würde das nichts bringen. Das war uns eigentlich auch klar - deshalb versichert ja auch keine Versicherung ein Fahrzeug auf diesem Kontinent. Auf der Fahrt zwischen Bursa und Izmir sahen wir beim Überqueren von kleineren Bergketten herab immer wieder Barackenlager, die mit Stacheldraht umzäunt waren und die von Flachzonen weiträumig abgegrenzt waren. Diese „Todeszonen", auf den nichts wuchs waren ca. 500 Meter breit und durchbrachen die Landschaft geradlinig bis zum Horizont. Wozu oder für was sie dienten, konnten wir nicht in Erfahrung bringen. Es sah allerdings recht bedrohlich aus, obwohl es nur leeres Land war, oder gerade deshalb?

Bis Izmir waren es nur noch einige Kilometer und wir hofften, dort eine Werkstatt zu finden, die sich des Schadens annehmen würde.

Wir hatten in den letzten Tagen gesehen, dass Schrott und Autohändler immer am Rande der Dörfer oder Städte waren. Das war sehr praktisch, da die beschädigten Fahrzeuge und der übrig gebliebene Schrott (Ersatzteile der Zukunft) nicht die Bevölkerung störten, die ja in ihrer Mehrzahl mit der Motorisierung nichts zu tun hatte. Gut für uns war, dass wir dadurch ohne langes Suchen gleich entsprechendes Fachpersonal in einem Fachbetrieb fanden.

Gut, dass wir Nihat dabei hatten. Wir fanden eine relativ große Werkstatt, die auf ihrem Hinterhof recht viele ausgeschlachtete, zerbeulte Fahrzeuge stehen hatte - ein gutes Zeichen?

Nihat brachte unser Begehren vor und wir erkannten unschwer, dass der Gesprächspartner signalisierte, dass er in der Lage wäre, alles an unserem R 4 zu reparieren. Ganz ehrlich, seit wir in der Türkei waren, hatten wir außer unserem R4 kein Fahrzeug dieser Marke gehen. Aber Allahs Wege sind unbeschreiblich - ohne Vertrauen, braucht man eine solche Reise gar nicht zu machen. Walter fuhr den R4 auf den Hinterhof. Aus allen Ecken kam das „Fahrpersonal". Von ca. 10 Jahren bis weit über 50 Jahren deckten sie ab.

Reparaturprofis in Izmir

Jeder war auf etwas ganz Besonderes spezialisiert. Das konnten wir sehen, als vier Buben damit anfingen, die Reifen abzubauen. Andere prüften die Blinker, die Bremse und eben Funktion für Funktion. Es waren ungefähr 10 „Arbeiter", die jeder für sich höchste *Kompetenz* und *Vertrauen* ausstrahlten. Das lässt sich auch unschwer an der Kleidung ersehen, die allen dort üblichen Sicherheitsstandards erfüllte. Genau lässt sich das nicht sagen, da kamen welche, es gingen welche, es waren Kinder mit dabei, so schätzungsweise 10-12-jährige, die ebenfalls „mitschraubten".

Oh je! Was wird das werden. Ersatzteile gab es ja in Hülle und Fülle - aber nicht von Renault.

Bei einem waren wir uns allerdings sicher, improvisieren konnten die, obwohl sie nicht wussten, was das ist oder wie man das schreibt. Durch ihre relativ hektische Handlungsweise an allen Stellen des R4 schlich sich bei uns allerdings die Vermutung ein, dass die eben versuchten zu ergründen, was, wie bei dem R4 geht oder nicht geht. Diagnose nennt man das wohl heute. Vom hinteren Teil des Geländes schauten uns zwei Kamele zu und die Hühner auf der Miste waren auch ganz fasziniert von der doch wohl ungewohnten Aktivität. Nach einem Tag lagen Räder, Bremsen, Getriebe, Lichter etc. alles, soweit als möglich, in seine Einzelteile zerlegt neben dem Chassis das nur noch den Motor enthielt.

Wir fragten immer wieder nach, ob alles in Ordnung wäre und ob die Reparatur gut voran ginge. Sie bejahten beides mit überzeugter Mine. Unsere Mägen waren mit ihren Nerven so ziemlich am Rande der Belastbarkeit angekommen, was wir jedoch nicht zeigen wollten. Allah akbar - Allah ist groß - wir hatten keine andere Chance.

Irgendwann teilten sie uns mit, dass sie noch Ersatzteile besorgen mussten, dies aber problemlos wäre. Nach drei Tagen war der R4 wieder zusammengesetzt und so ziemlich totalüberholt. Sie stellten uns die Rechnung, ein kleines schmutziges Fresszettelchen, auf dem arabische Zeichen standen, die wir eh nicht entziffern konnten - etwas unter 30 DM inclusive Öl kostete die Totalüberholung. Und die Lenkung ging wieder fast einwandfrei. Einen leichten Schlag hatte sie zwar immer noch, was jedoch bei den holprigen Straßen und der von der Straße verursachte Stöße auf das Lenkrad fast zu vernachlässigen war. Das war zu verschmerzen, obwohl wir uns vorstellen konnten, dass das das sicherlich eines der beste Geschäft der Werkstatt war in den letzten Jahren. Weiter ging es Richtung

Süden - nach Ephesus und Kusadasi. Dort gab es tatsächlich einen Campingplatz am Meer - Also hier war der Tourismus schon nagekommen. Wenn auch nicht der aus Deutschland, so doch der aus der Türkei.

Wir wunderten uns, warum der Platz vom Militär mit Maschinenpistolen bewacht wurde. Die Leute wollten darüber nicht reden und nach einigen Rückfragen stellte es sich heraus, dass wieder schwere Kurdenübergriffe stattgefunden hatten und deshalb das Militär öffentliche Plätze sicherte. Allerdings wollte man die Bevölkerung und die Touristen nicht verunsichern, was in Anbetracht der patrouillierenden Soldaten mit ihren MPs im Anschlag auch überhaupt niemand in Betracht zog.

Die Sonne schien, das Meer war toll und die Leute freundlich - was wollten wir mehr.

Wir besichtigten die Ruinen, die damals noch nicht als Weltkulturerbe unter Schutz gestellt waren.

Das Theater von Ephesus, die Straßen und Tempel, Millionen von Steinen lagen einfach so in der Landschaft. Touristisch waren diese Plätze nicht hergerichtet. Sie lagen eben da, wie sie bereits die letzten 2000 Jahre da lagen. Auf den Spuren von Paulus und den frühen Christen besuchten wir alle Plätze der Gegend, die Zeugnis über die damaligen Geschehnisse gaben. Alles war zwar mit Stacheldraht eingezäunt aber trotzdem offen, Eintritt musste man nicht bezahlen. Niemand schaute nach uns. Da hier doch mehr Publikumsverkehr war, gab es auch kleine Geschäfte, die allerhand Wichtiges und Wertvolles für die Touristen anboten. Kamele aus Stoff, Tücher, Töpfereien, Kupferteller und -kannen, Steine, Postkarten etc. eben einfache Handarbeiten, um den Menschen von außerhalb etwas Geld abzunehmen. Wir entschlossen uns nach ausgiebigem Baden, bei dem Walter bei einem unbedachten Sprung ins Wasser einen Seeigel mit seiner Ferse pulverisierte und sich einige tausend Fragmente der Stacheln in den Fuß rammte.

Auch ich hatte mir einige der liebenswerten und so schnell brechenden Stacheln der Seeigel eingefangen und wir entschlossen uns, in den nächsten Tagen ins Inland zu fahren - die weißen Kalkterrassen von Pamukkale waren unser Ziel.

Auf der Straße wehten uns Mengen von gelben und blauen Kugeln entgegen. Es waren Disteln, die ca. 80 cm hoch wuchsen und oben fast einen geschlossenen Kugel mit den Blüten formten und mit Stacheln voll besetzt waren, um zu verhindern, dass sie von Tieren gefressen wurden. Sie irritierten beim Fahren und man musste aufpassen, dass so ein Teil einen beim Aussteigen nicht erwischte. Entlang eines Flusses, dem Büyük Medeses Nehri, fuhren wir durch ein äußerst fruchtbares Tal immer höher nach Denizli. Die Straße war der Treffpunkt für alle und jeden und damit mussten wir immer darauf gefasst sein, jemanden oder etwas zu begegnen, das normalerweise nicht auf der Straße zu erwarten war. Der Baba Dagi mit seinen 2308 Metern Höhe bot eine tolle Kulisse für die auf der gegenüberliegenden Seite fast unwirklich aus der Landschaft herausstrahlenden Kalkablagerungen von Pamukkale.

Der Wind, der durch dieses Tal wehte, wurde immer wärmer und mit zunehmendem Tag so heiß, dass man nicht mehr atmen konnte, wenn er einem direkt ins Gesicht blies.

Nach über 400 km - und ungefähr sieben Stunden - erreichten wir unser Ziel. Obwohl der Verkehr sehr gering war und uns manchmal nur ein oder zwei Fahrzeuge in der Stunde begegneten, war die Fahrt sehr anstrengend. Wir konnten aus den verschiedensten Gründen nicht schnell fahren. Außerdem lernten wir, dass schnell relativ ist. 26 PS geben nun nicht so viel her und es ging außerdem immer bergauf. Zusätzlich brachten uns die an und auf der Straße grasenden Herden von Ziegen, und Schafen, die sich auch gerne mal auf der Straße ausruhten, manchmal sehr in Bedrängnis. Die Hüter mit ihren Hunden machten sich dann auch noch einen Spaß daraus, besonders langsam die Herde zu bewegen, um uns zu zeigen, dass sie der Herr der Straße waren.

Mehrmals flogen auch Steine, als wir um Kurven fuhren und wir konnten von Glück sagen, dass wir nur kleine Einschläge einstecken mussten und die Scheibe nicht brach.

Wir lernten dabei ganz schnell, dass hinter engen Kurven gerne das Risiko lauerte.

Wir waren also ziemlich geschafft, als wir in Pamukkale um die Mittagszeit ankamen und konnten es fast nicht glauben, wie schön die Kalkterrassen, schneeweiß aus der sonst brauen und kargen Berglandschaft ragten, und uns zum Baden einluden.

Wir stiegen freudig aus dem Auto aus und der Wind, der sehr stark blies, nahm uns aufgrund seiner Hitze den Atem. Wir suchten den Windschatten eines Gebäudes, um uns der Situation zuerst einmal anzupassen. Außer uns waren nur noch ein paar türkische Touristen da. Also, wir waren so gut wie alleine. Die Sinterterrassen waren riesig, hunderte von Metern in der Länge und auch in der Breite und mit einer Mächtigkeit von ca. 60-80 Metern Höhe. Es mussten Hunderttausende kleine Tümpelchen sein. Wir schauten uns ausgiebig die Terrassen an - unglaublich schön, wie die kleinen Wellen den Kalk durch die Hitze ablagerten. Die Becken, die die Ablagerungen formten, waren wie ein Bienenstock aneinandergeklebt und hatten jede ihr eigene Form. Wodurch sie entstanden, war nicht zu erkennen. Überall floss Wasser, und benetzte so alle Becken und trug damit zum weiteren Wachstum der Kalkbecken bei. Großartig- und alles reinweiß!

Wir waren fasziniert und wollten eigentlich nicht gehen. Wir legten uns in das Wasser, das leider nicht so erfrischend war, wie es aussah. „Seichwarm", was jedoch nicht wundert, wenn man bedenkt, dass wir um die 40 Grad Celsius hatten und einen Wind, der jedermann und alles ausdörrte. Wir entschieden uns, diesem Stress ein Ende zu machen und wieder zurück ins kühlere Meerklima zu fahren. Hunger hatten wir auch keinen und leerten nur Wasser in uns hinein, was ging. Leider zeigte sich, dass das Wasser nicht lange bei uns bleiben wollte und uns recht zügig wieder durch alle Poren verlies. Wir warfen ein Speed ein und machten uns auf die Rückfahrt. Das war ein langer Tag und sehr anstrengend.

Die Hitze und der Wind taten ihr Übriges. Wir fuhren, so lange, wie es eben ging. Dann suchten wir vor Einbruch der Dunkelheit unseren ruhigen Schlafplatz abseits der Menschen. Gleich neben dem Auto schlugen wir ganz schnell unser Zeltchen auf und mit dem Fahrtenmesser auf der Brust zu unserem Schutz schliefen wir sofort ein. Wir hörten von weitem unseren Freund, den Muezzin und sahen durch unser Zelt hindurch den Tag kommen.

Plötzlich krachten Schläge auf unser Zelt und alles wackelte. Was war denn das?
Die Messer fest in der Hand, machten wir uns auf den nächsten Angriff gefasst.
Nichts passierte.
Wir machten den Reisverschluss leicht auf und spickten hinaus - nichts zu sehen!
Wir öffneten ganz und krabbelten schnell hinaus, immer gefasst auf den nächsten Angriff und die Hosen bis an den Anschlag voll!

Da sahen wir in zwei bis drei Metern Entfernung einen alten Mann mit seinem Kuhgefährt, der mit seinem Stock aufgeregt winkte und dabei offensichtlich schimpfte.

Wir begriffen dann nach einigen Augenblicken, dass er durch wollte und wir direkt auf dem Weg- der für uns am Abend überhaupt nicht erkennbar gewesen war, unser Zeltchen aufgeschlagen hatten. Wir hatten nur den guten und relativ ebenen Untergrund geschätzt und deshalb war die Wahl auf diesen Platz gefallen. Wir entschuldigten uns mit vielen Gesten und bauten schnell unser Zeltchen ab, sodass der Bauer mit seinen „Rennwagen" durchfahren konnte.

Wir waren froh, dass es nichts Gefährliches gewesen war, was uns unser Adrenalin an diesem Morgen so überreichlich beschert hatte.

Ins nächste Dorf und einen Frühstücks Çay trinken und dann nichts wie an die Küste und ab ins warme Meer. Die Seeigel meldeten sich auch schon wieder und zeigten ihre Freude an uns durch leichte Rötungen an den Einstichstellen. Salzwasser kühlt und desinfiziert - also nichts wie los.

Viel Erfrischung bot das Meer ja nicht, aber der Schweiß der letzten Tage ergänzte den Salzhaushalt des kyrillischen Meeres und wir hatten das Gefühl der Reinheit. Leider gab es keine Süßwasser Duschen - für wen auch? Aber das waren wir inzwischen schon gewöhnt und unsere Haut hatte schon die leichte natürliche Bräune in Verbindung mit Seewasser erhalten. Die Haare waren auch immer leicht gesalzt, was uns einen nicht immer ganz gepflegten Eindruck verpasste. Na ja, die Türken, mit ihren fast kahlrasierten Köpfe hatten offensichtlich dieses Problem nicht - Schönheit und Zeitgeist müssen halt leiden.

Unser so blondes und immer blonder werdendes schulterlanges Haar wehte ja so schön im Wind. Nihat drängte etwas bezüglich der Rückfahrt und wir wollten ja noch die ach so blonden und hübschen Helleninnen in Izmir besuchen.

Also nichts wie rein nach Izmir - die erste Stadt die den Namen verdient, seit wir Istanbul verlassen hatten. Wieder chaotischer Verkehr. Uns machte es ja nichts aus, wir hatten jemanden dabei, der die Einheimischen exzellent verstand. Nach ca. einer halben Stunde standen wir dann vor einem Haus, besser gesagt, vor einer Hecke mit Stacheldraht der ein recht großes Grundstück abtrennte. Es gab dort eine Klingel und einen Fernsehkamera mit Sprechfunk. Nihat klingelte und als es knackte, sprach er einige Worte seiner Muttersprache. Der Türöffner lies das Tor aufgehen und wir traten ein. Ein weiträumiger und gepflegter Garten lag vor einem imposanten Haus. Die Damen waren offensichtlich nicht ganz arm! Wir wurden von ihnen im Eingang begrüßet. Die Röcklein waren auch nicht länger und der Rest war mindestens noch so frisch wie im Topkapi Museum.

Leichter Flüssigkeitszuwachs im Mund war die Folge. Sie freuten sich offensichtlich, dass wir (?) sie besuchten und luden uns zu einem Çay ein. Der wurde dann auch „vom Personal" gebracht. Wir gingen in die gute Stube- und was das für eine gute Stube war! Ganz im Gegensatz zu dem, was wir bis jetzt in der Türkei gesehen hatten, waren das hier sogar im Vergleich zu uns und unser Anspruch in Deutschland nur erlesener Luxus. Der Teppich auf dem Boden musste ein Vermögen wert gewesen sein. Sie hatten nicht nur einen Fernseher - der war bei uns auch noch nicht überall angekommen, nein, sie hatten einen Farbfernseher mit riesiger Bildröhre - so ein Teil hatten nur die „besseren" Leute bei uns. Möbel und Ausstattung war erlesen und toll abgestimmt. Hier hatte jemand nicht nur einen exzellenten Geschmack, er hatte auch die Kohle, um das sich leisten zu können.

Während wir an unserem Staunen arbeiteten, parlierte Nihat recht fleißig mit den Damen, wovon wir natürlich überhaupt nichts verstanden. Ihnen war das aber offensichtlich recht egal.

Wir wunderten uns nur, wie freizügig die Mädels sich gaben - beim Sitzen auf den tiefen Polstern wurden unsere Augen schon stark herausgefordert.

Auch ansonsten, waren sie weit „großherziger" als wir das von den Mädels zuhause es gewohnt waren. Wo waren wir denn gelandet? Wir genossen das Spiel und schoben die Fragen zur Realität etwas nach hinten, das musste ein Vorhof des Paradieses sein. Irgendwann am Nachmittag hat uns jedoch die Neugierde übermannt und wir fragten Nihat, wie sich das hier alles so zusammenfügt.

Na ja, das Haus gehöre dem Bürgermeister von Izmir. Seine Frau sei auch berufstätig - Rechtsanwältin oder so etwas Ähnliches und die beiden Töchterlein pflegten ihr Leben und ließen es sich gut gehen. Da sie ja ohnehin durch ihr Äußeres und die Zwillingsgeburt zu den Auserlesenen in diesem Lande gehörten, dürften sie alles tun und lassen, zu was sie so Lust hatten - und das war offensichtlich einen ganze Menge. Allerdings waren sie Gefangen in ihrem goldenen Käfig und die Langeweile plagte sie schon mächtig. Sättigung und Zufriedenheit sind nun mal keine guten Partner. Sie wollten natürlich wissen, wo wir herkamen und wie unsere Pläne aussehen. Besonders waren sie interessiert, wie unsere Fahrt weiter ginge und wann wir wieder in Deutschland ankommen würden. Sie luden uns auf den nächsten Tag wieder ein, da sie dort eine „Party" ausrichten würden. Sie wollten uns auf alle Fälle wohl nicht dabei haben, wenn ihre Eltern von der Arbeit heim kamen - Oder! Egal - wir gingen und freuten uns auf den nächsten Nachmittag. Unser Kopf war leer durch die übergroßen Reizungen unserer Augen und die Phantasien aus 1001 Nacht.

Sherazade im Doppelpack.

Am nächsten Nachmittag schlugen wir dann dort wieder auf und es waren einige Gäste - alles junge Leute, denen man ansah, dass sie nicht aus dem unteren Milieu kamen. Es wurde Bier und Raki getrunken, die Pfeife kreiste und tolle Musik aus riesigen Boxen zauberte ein tolles Flair in die Räume - einfach zum Träumen und Wohlfühlen. Irgendwie signalisierte mir mein Körper, dass - so schön das alles auch aussehen mag - irgendetwas nicht stimmte - ich mag mich auch getäuscht haben, aber ich fühlte mich unwohl. Gab es hier eine Mafia oder so etwas Ähnliches? Dekadenz der führenden Gesellschaft? Auto, Antiquitäten oder Rauschgiftschmuggel? Auf Rauschgiftbesitz und -schmuggel stand die Todesstrafe in der Türkei!!! Wir waren diesbezüglich gewarnt worden. Es war durchaus üblich, die Reifen/Felgen der Touristenautos mit „Stoff" zu füllen. Diese wurden dann von den Touristen nach Deutschland zurückgefahren, wo dann „der Stoff" wieder entnommen wurde. Plötzlich hatte ich das Gefühl, dass wir so schnell als möglich aus diesem gastlichen Hause verschwinden sollten. Nihat hatte uns sowieso signalisiert dass er von Izmir nach Istanbul mit dem Fernbus zurückfahren wollte und deshalb keine Eile hatte, wegzukommen oder mit uns noch weiter zu fahren wollten.
Wir verabschiedeten uns möglichst unauffällig und für den Rest der Party - falls es sie interessierte haben sollte, recht überraschend. Wir fuhren aus Izmir noch bei Tage raus, da wir gesehen hatten, dass das Chaos der Nacht in Verbindung mit falsch eingestellten Scheinwerfern ein recht unkalkulierbares Risiko für uns bedeutete.
Irgendwo in der Pampa schlugen wir dann unsere mondäne Jurte auf. Was war das für eine Welt! War das alles richtig so? Egal, wir waren

gesund und hatten keinen Schaden genommen. Hätte, können, sollen, müssen...

Am nächsten Morgen schauten wir nach, ob irgendetwas in unserm Auto versteckt worden sein könnte. Reifen, Innenverkleidungen, Ersatzrad etc. - alle mögliche verstecken Plätze wurden gecheckt - sauber - Gott sei Dank.

Wir fuhren durch Olivenhaine und Obstanbaugebiete. Teilweise waren die Felder schon abgeerntet und aufgrund der Hitze braun geröstet. Insgesamt macht jedoch die Küstenregion einen sehr fruchtbaren und relativ grünen Eindruck.

Von der Ferne schon konnten wir einen Berg erblicken, der aus lauter Ruinen zu bestehen schien. Bergamo. Klar, das mussten wir uns genauer ansehen.

Wir fuhren auf ihn zu und stellten das Auto dort ab, wo die ersten Steine lagen.

Wir waren ganz alleine in den tausenden von Steinen und fühlten uns wie die Könige der damaligen Zeit.

Es war alles unübersehbar mit Steinen angehäuft. Also dachten wir, nichts als nach oben, um vielleicht von dort aus einen Überblick über die Stadt und ihren vielen Tempel zu bekommen. Als wir oben waren, eröffnete sich uns ein unbeschreiblicher Ausblick auf die Gegend. Die Ruhe, die dort herrschte, unterstrich noch die Grandiosität des Augenblickes. Um den Berg herum war eine Ebene, soweit das Auge reichte. Alles war grün und fruchtbar, ohne dass größere Ansiedlungen erkennbar waren. Der Berg bestand ausschließlich aus Gebäuden, die wie nach einem Bombenangriff nur ein riesiger Trümmerhaufen waren. Es war auch noch nichts erkennbar restauriert - für wen denn auch? Wirklicher Tourismus war in der Türkei noch nicht angekommen. Dazwischen erhoben sich einzelne Säulen - die Überreste von Tempeln und Regierungsgebäuden. Einfach überwältigend. Wir kletterten herum und konnten uns kaum satt sehen.

Unsere Phantasie reichte nicht aus, um uns vorzustellen, wie es ausgesehen haben könnte, als die Stadt ihre Blütezeit erlebt hatte. Wir fuhrwerkten weiter, um uns ein Nachtlager zu suchen. Wir fanden etwas abseits der Straße einen Steinbruch, der uns den Eindruck machte, ein sicherer Hafen für die Nacht zu sein. Keine Menschen weit und breit und auch keine Moschee, von der uns der Muezzin am nächsten Morgen seine guten Wünsche zuflüstern konnte. Zelt aufschlagen, Ravioli in den Topf und das Festmahl konnte beginnen.

Am nächsten Morgen, wir hatten den Muezzin und auch die Tauben nicht vermisst, hörten wir plötzlich einen lauten Knall, und nochmals einen Knall. Waren das Schüsse? War das ein Überfall? Was sollten wir tun? Wir versuchten schnell und unauffällig aus unserem Zelt zu kommen und hinter dem Wagen Schutz zu suchen. Tatsächlich, jemand schoss da. Wie wir jedoch nach einiger Zeit erkennen konnten, waren nicht wir das Ziel, sondern die Jagdgesellschaft hatte es auf Füchse abgesehen, die im Steinbruch ihr Lager hatten und ab und zu bei den Bauern in der Umgebung wohl das eine oder andere Huhn entwendeten. Wir waren wieder mit dem Leben davon gekommen! Wir konnten die kurzen Hosen wechseln (hatten wir um ein Haar mit Angst gefüllt) und starteten erlöst und entspannt in den neuen Tag. Die Jagdgesellschaft nahm uns nicht wahr und jagte geruhsam weiter. Wir fuhren Richtung Troja, Herrn Schliemann auf der Spur.

Auf dem Weg dorthin, trafen wir nach langer Zeit wieder Deutsche. Sie waren auch mit dem Auto unterwegs und wir nutzten die Chance, die neuesten Nachrichten aus der Heimat zu erfahren. Wir beschlossen, ein gemeinsames Mahl zu bereiten und opferten gerne einer unseren wunderbaren Dosen.

Das Festmenü konnte beginnen. Beide Parteien kramten aus den Fahrzeugen hervor, was man eben dabei hatte und das Menü komplettierte. Es war köstlich, und wir haben einige Stunden unsere Erfahrungen gegenseitig ausgetauscht. Als wir dann am folgenden Tag in Troja ankamen, waren wir zuerst mal richtig enttäuscht. Ein Schild, das nicht gerade Vertrauen ausstrahlte, stak schräg in der Erde und zeigte an, dass wir nun in Troja waren. Nach der riesigen Anlage von Bergamo zweifelten wir daran, überhaupt hier richtig zu sein. Olivenbäume, die zwischen Ruinen lagen, die weder imposant noch besonders erwähnenswert und bedeutend aussahen. Das Meer war gar nicht zu sehen - also, wo sollten denn die Griechen mit ihren Schiffen gelagert haben und wo fand die Verletzung und der Kampf mit Achilles statt? - nicht die geringsten Anhaltspunkte, um unsere Phantasie in Schwung zu bekommen. Öde, steinige Einsamkeit, eine Landschaft, der der Mensch einige tiefe Wunden zugefügt hatte und die auf uns den Eindruck von Not und Elend hinterließ. Nach der ersten Enttäuschung suchten wir einen Platz für unser Zeltchen - kein

Problem - Platz gab es genug. Unsere Fuß- und Zehenverletzungen verursacht durch die Seeigel hatten sich in den letzten Tagen weiter entzündet und ich fieberte heute sehr stark. Dazu kam noch Kopfweh, das sich gewaschen hatte. Habe ich schon gesagt, dass wir auf unserer seitherigen Reise kein Krankenhaus oder Roten Halbmond Station gesehen haben? Vielleicht auch besser so!! Ich dachte mir, dass eine Blutvergiftung aufgrund meiner Seeigelstacheln hier nicht so gut zu gebrauchen war. Also nix wie raus mit den Entzündungsverursachern. Mit der Nadel hatte ich so meine Probleme, ich bin mit sieben Jahren bei einer Operation während der Narkose aufgewacht und habe seither panische Angst vor allem, was weiß und spitz ist! Also, mein bester Freund und Bewacher meiner Sicherheit, mein Dolch kam zum Einsatz. Ich musste einige Male Pause machen - aber nach fast einer Stunde, blutete ich an gut 20 Stellen und die Stacheln, die immer dann zerbrachen, wenn ich sie freilegt hatte, waren entfernt. Besser ging es mir natürlich noch nicht. Der Abend kam und die Luft wurde immer wärmer und schwüler.

Wir sahen die großen Wolken sich über den Dardanellen immer mehr auftürmen. Von der Ferne hörten wir das Rollen des Donners, der immer näher kam. Ein plötzlicher Wind brachte unser Zeltchen, das wir üblicherweise relativ lässig verankert hatten, (warum auch mehr, es war die letzten Wochen immer warm und windstill gewesen und der Untergrund sehr steinig, was nicht dazu beitragen hatte, die Heringe tief im Erdreich zu verankern,) ganz beträchtlich ins Wanken. Die Donnerschläge wurden lauter und kamen in immer kürzeren Abständen. Riesige Blitze durchpflügten den Horizont und ließen die Wolken rot erleuchten. Ein gigantisches Schauspiel, das seine Wogen vorauswarf.

Das Toben des mittlerweile sich zum Sturm entwickelten Windes beugte die Bäume und riss an unserm Zeltlein, in dem wir ausharrten, hilflos den Gewalten des Himmels ausgesetzt, lediglich durch eine dünne Wand aus Zeltstoff geschützt.
Die Donnerschläge rollten und kamen mit ihrem Echo von den Dardanellen zurückgeworfen über die Ebene. Ein Schlag ging in den nächsten über.
Ich stellte mir vor, wie Zeus mit seinem Wagen über den Himmel fährt und die Räder gegen die auf der Straße liegenden Steine donnert währenddessen er unablässig seine Blitze schleudert.

So ein Inferno habe ich noch nie erlebt.

Die Schlacht, die damals zwischen den Griechen und Trojanern tobte, kam in unserer Phantasie hoch. Das Spektakel der Natur war unbeschreiblich. Trotz allem kam kein einziger Tropen Regen herab. Nach einigen Stunden wurde das Toben schwächer und verschwand allmählich. Das Grollen des Zeus verlor sich in der Weite der Küstenlandschaft. Den Rest der Nacht, konnten wir dann in Ruhe genießen.

Am Morgen war der Spuk vollkommen vorbei und wir machten uns auf, Troja oder das was davon übrig geblieben ist, zu entdecken.

Wir krochen in den Ausgrabungen herum und durchstreifen die Ruinen. An einigen Plätzen waren die verschieden Zeitniveaus markiert, die jedoch für uns nichts besonders Beachtenswertes zeigten. Wir entschlossen uns, die Türkei zu verlassen und über die Dardanellen nach Griechenland über zu setzten. Eine verrostete, klapprige Fähre setzte uns über nach

GRIECHENLAND

Der Grenzübertritt war recht problemlos, es war heiß und die Uniformierten auf beiden Seiten hatten offensichtlich wenig Lust, die Grenzen zu schützen und zu bewachen. Außerdem gab es sicherlich nicht viele Touristen aus Deutschland, die diese Grenze im Laufe eines Jahres passierten! Sie erkannten spontan, dass von uns für ihr Land keine Gefahr ausging. Allerdings war klar erkennbar, dass sie alles, was aus dem gegenüberliegenden Land war, argwöhnisch betrachteten und kontrollierten. Schließlich lag man ja schon seit einigen Jahrtausenden - mit kurzen Unterbrechungen - im gegenseitigen Krieg. Was interessierte es die Türken, was wir aus ihrem Land mitnahmen, wir sahen eh nicht nach viel Geld aus und die Griechen machten sich keine Sorgen, was wir mitbringen würden, da wir für sie ja sowieso nur auf der Durchreise waren.

Wir setzten unsere Fahrt Richtung Alexandroupolis fort. Bereits kurz nach der Fähre wurde unsere Fahrt durch Hindernisse auf der Straße gebremst.

Hunderte, ja wenn nicht sogar tausende von Landschildkröten bevölkerten die Straße und machten ein Durchkommen äußerst schwierig. Viele waren schon überfahren worden und wir entschieden uns, dies nicht zu tun, was auch dem Fahrzeug nicht gut getan hätte. Plattfuß ist nicht unbedingt das, was wir uns gewünscht haben.

Wir hielten an, und schubsten mit den Beinen die Fahrtrinne für unser Auto frei.

Dann ging es weiter - jedoch nicht sehr lange.

Hier gab es offensichtlich große Herden an Ziegen, die alle am liebsten direkt an oder auf der Straße weideten. Vielleicht lag es auch an den Hirten, junge Burschen, die die ab und zu durchfahrenden Autos beobachten wollten.

Oder lag es daran, dass sie etwas zum Rauchen schnorren wollten?

Sie machten immer Zeichen die unschwer als Bitte für eine Zigarette zu erkennen war. Wenn wir dann weiterführen, flogen dann schon häufig Steine unserm Auto hinterher. Also haben wir schnell gelernt, wenn jemand uns ein Zeichen für eine Zigarette gibt, Vollgas zu geben und uns möglichst schnell aus dem Staub zu machen.

Ja, das Hirtenvolk ist nicht immer friedfertig.

Alexandroupolis war eine nicht erwähnenswerte Stadt - lediglich eine Ansammlung von Menschen, die alle wichtigtaten - und wir fuhren direkt weiter.

Auf nach Thessaloniki. Dort angekommen, stellten wir den R4 an einem Platz ab, der wieder leicht zu finden war. Wir durchsteifen die Stadt und schauten uns die Geschäfte an. Tolle Bauwerke gab es auch. Wir merkten nicht, wie die Menge an Menschen zunahm und schließlich ganz ins Stocken geriet. Eine Absperrung blockierte unser Weiterkommen. Hier muss was los sein. Unser Griechisch war sehr rudimentär. Außer den Zahlen und ca. zehn Vokabeln verstanden wir nichts. Die Leute schauten alle gebannt in eine Richtung. Da wir nichts Besonderes vorhatten, stellten wir uns mit dazu und warteten.

Plötzlich kamen Motorradfahrer in Polizeiuniformen auf der Straße uns entgegen. Danach eine Staatslimousine mit Fähnchen auf den Kotflügeln und dahinter lief ein Grieche in leichtem Tuch gekleidet mit Lorbeerkranz und einer Fackel. - Jetzt war alles klar, das war der

Läufer, der das olympische Feuer vom Olymp bis nach München zur Olympiade tragen würde - natürlich nicht alleine sondern alle paar Kilometer abwechselnd.

Danach kamen „Jungfrauen und Musikanten" in alten Trachten und das ganze Volk freute sich mit Jubel und Musik.

Wir machten, dass wir zum Auto kamen um weiter Richtung Larissa zu fahren. Die Meteora Klöster waren unser nächstes Ziel.

Einsiedler, die teilweise nur auf Seilen und Ästen lebten und jahrelang den Boden nicht betraten, waren dort zu finden und die Klöster, die voll von Antiquitäten sein sollten, waren wie Schwalbennester an und auf die Felsen geklebt. Teilweise zwei bis dreihundert Meter über dem Boden waren sie nur mit Körben, die an Seilen hinaufgezogen wurden, erreichbar. Diese Abgeschiedenheit und Unzugänglichkeit hatten sie in den letzten Jahrhunderten davor bewahrt, geplündert und ausgeraubt zu werden. Als es Abend wurde, schauten wir uns nach einem guten Plätzchen um. Wir hatten Sehnsucht nach dem Meer und fuhren deshalb durch die Buschlandschaft ans Meer.

Ein langer, breiter Sandstand von Nord nach Süd erstreckte sich vor uns. In einiger Entfernung sahen wir ein Lager und einige Autos. Viele Leute waren dabei, es sich gut gehen zu lassen. Musik und Tanz und ein großes Feuer in der Mitte wollte uns eigentlich zuerst Abschrecken - Wir suchten ja keine Menschen, die uns im schlimmsten Falle ausrauben und… konnten. Wir entschieden uns zunächst einmal die ganze Sachlage zu prüfen und einen kurzen Stopp zu machen. Wir taten so, als ob wir baden wollten und liefen so langsam in Richtung des Lagers. Es waren Zigeuner.

Fahrendes Volk, so wie wir. Wir sprachen beide nicht die Sprache des Anderen, aber es war eindeutig dass sie uns zum Bleiben einluden, um an ihrem Fest teilzunehmen.

Warum auch nicht. Wir fuhren also mit unserm Auto näher an die Zigeunergruppe heran und näherten uns mit vorsichtiger Achtung dem Geschehen. Sie bereiteten eine Ziege am Spieß, machten Musik und die Frauen tanzten und alle sangen dazu.

Es war ein lustiges Völkchen und wir verloren langsam unsere Angst - ohne die Vorsicht zu vergessen.

Wir hofften, dass sie uns nicht gleich den Hals durchschneiden würden und schliefen am Strand irgendwann unter dem mit Millionen Sternen bedeuteten Himmel ein.

Wir hatten in den letzten Wochen schon erkannt, dass der Himmel hier im Süden mit mehr Sternen behangen zu sein schien, als bei uns in Deutschland. Das kam natürlich daher, dass hier keine oder fast keine Lichter in der Nacht leuchteten und damit die Dunkelheit stärker als bei uns war. Die Milchstraße war klar und deutlich erkennbar und die Anzahl der Sternschnuppen war auch bedeutend größer als bei uns, so war jedenfalls unser Eindruck. Vielleicht war es aber auch nur der Ausdruck unserer Einsamkeit - so weit weg von zuhause. Vor Wochen hätten wir jeden der uns gesagt hätte, dass wir mit Zigeunern am Strand schlafen würden für verrückt erklärt - Offensichtlich hatten wir uns verändert und unsere Sensoren, die Angst und Gefahr signalisieren wurden neu geeicht. Ein gewisses Urvertrauen muss man schon haben, wenn man in der Fremde überleben will, ohne dabei leichtsinnig zu werden!

Das Lager sah am nächsten Morgen recht „wüst" aus, aber das störte ja niemanden. Wir fuhren weiter, ins Inland nach Westen, immer in Richtung des Olymps, der uns mit seinem weißen Gipfel - und wir hatten zwischen 35-40 Grad Celsius am Tage - in der Ferne begrüßte. Entlang einer kleinen, stark gewunden Straße arbeiteten wir uns ins Gebirge. Überall waren in den Tälern Obstbäume und Gemüse zu sehen. Die Kleinbauern hatten jedes Fleckchen Erde kultiviert und bald schon hatten wir das Gefühl dort ganz mit den Einheimischen alleine zu sein. Da Meteora sehr abseits liegt und auch in Griechenland nur wenige Touristen unterwegs waren, bestand der Verkehr eben aus den lokalen „Bauernbewegungen" mit ihrem Vieh. Nach einigen Stunden sahen wir die Zacken, auf denen die Klöster zu erkennen waren. Als wir näher kamen, erkannten wir in einzelnen Bergen, in schwindelnder Höhe Höhlen, in denen Seile und Äste gespannt waren, auf denen Einsiedler lebten.

Wahnsinn, einfach Wahnsinn. An den Klöstern angekommen, trafen wir vier weitere Autos von Leuten die sich die Klöster ansehen wollten. Der Aufstieg bzw. die Auffahrt im Korb war äußerst spannend und anstrengend. Oben angekommen, waren wir erstaunt, welcher Reichtum und Schönheit in diesen Klöstern vorhanden war und welche Andacht und Größe diese Landschaft ausstrahlte. Eine alles überstrahlende Ruhe, dir nur durch das Pfeifen des Windes und durch die sich im Winde spielenden Kähne begleitet wurde. Der allumfassende Olymp im Hintergrund, Ort der Götter und Heimat des Zeus, umrahmte das Ganze. Wer die Einsamkeit nicht aushielt, hatte hier nichts verloren. Die Zeit hatte ebenfalls ihr Maß hinter sich gelassen - Es war einfach nur Sein. Wir waren gefangen von diesem Eindruck und fuhren am Abend zurück, um ein lauschiges Plätzchen zu suchen.

Weiter ging es dann nach Athen, das wir durchführen und dann nach Korinth, an den Kanal. Athen wollten wir uns für die Rückfahrt aufsparen, da diese Stadt, wie Istanbul ein riesiger Moloch war und seine Akropolis zwar eine super Orientierung bot, die Anzahl der Häuser und die vielen Menschen uns heute nicht anzogen.

Da standen wir nun, an dem messerscharf aus dem Stein herausgesägten Kanal von Korinth, der die Adria mit dem Griechischen Meer verbindet- wenigstens für die Schiffe die sich die Durchfahrt leisten konnte. Über dem Kanal war ein „martialisches Plakat mit dicken Kyrillischen Zeichen, die wir nicht verstanden. Soviel war aber für uns klar, hier demonstriert eine gewaltige Macht ihre Präsenz.

Militärjunta Kanal von Korinth

Das gesamte Plakat war mit Symbolen des Kampfes und der Macht durchsetzt.

Wir fuhren weiter Richtung Olympia. Auf dem Weg dorthin, fanden wir eine traumhafte Bucht, die mit Pinien bewachsen war und uns zum Verbleiben einlud. Wir suchten uns ein schönes Plätzchen zwischen den Bäumen und oberhalb einer Klippe mit einer Aussicht die unseren gehobenen Ansprüchen gerecht wurde. Die Zikaden sangen und der Duft des Harzes und der Schatten des Wäldchens vollendeten den perfekten Eindruck. Hier wollten wir bleiben - was wir natürlich auch taten.

Am nächsten Morgen gingen wir sehr früh in das noch kühle Meer schwimmen. Gegenüber unserer Bucht war ein Hotel - eines der wenigen, die es gab. Dort schwammen wir hin. Das Personal war gerade dabei, das Frühstück zu richten und die Tische und Stühle zu ordnen. Wir gingen an Land und begrüßten die prachtvollen Griechen, die so gar nicht den Eindruck von Freude und Servicebereitschaft ausstrahlten, achtvoll. Uns war das ziemlich egal - im Gegenteil, sie vertrieben uns nicht und arbeiteten gelangweilt weiter.

Wir nahmen dann mal vorsichtig Platz - niemand beachtete uns - naja, ein kleines Frühstück, etwas Weißbrot mit Marmelade und einen Kaffee könnten wir schon nehmen?

Keiner der anderen Gäste war da und so wagten wir einfach mal, was wir uns sonst nie getraut hätten. Der Geldbeutel war ja sowieso recht bescheiden gefüllt und so würde so ein feines und günstiges Frühstück schon ganz gut passen. Als wir gesättigt waren, bewegten wir uns in Richtung Meer und schwammen ohne Hast und Eile zurück in unserer Bucht. Immer wieder schauten wir uns um - aber niemand machte irgendwelche Anstalten oder Zeichen, uns aufzuhalten. Prima. Wir entschlossen uns, auch am nächsten Morgen früh, schwimmen zu gehen. Den Tag verbrachten wir mit ausruhen und schwimmen. Ein Ort des Faulenzens und der Ruhe. Leider kam gegen Abend dann doch etwas Bewegung in unser Paradies. Montezumas Rache hatte Walter erwischt. Er nahm die Rolle Klopapier, die immer am Zelteingang ihren Platz hatte, und machte sich in die Büsche, Richtung Osten. Das war wichtig, um zu vermeiden, dass andere geplagten Geister in die Relikte des Vorgängers traten. Wie sich herausstellen sollte, war dies eine sehr weise Vorgehensweise. Nach kurzer Zeit, spürte auch ich das Reißen und entschied mich für den Westen. Somit hatte jeder sein „Claim" abgesteckt. Leider blieb es nicht bei einmaligen Erlebnissen, der Durchfall hatte uns massiv erwischt und wir waren die nächsten Tage fleißig beim Düngen des Pinienwäldchens. Es war nach zwei Tagen so schlimm, dass wir das Zelt verlegen mussten, um neues, unverbrauchtes Land für unsere Zwecke zu finden. Vielleicht war es die Strafe für unser unrechtmäßiges Frühstück - aber was nützt die Ursachenforschung, die Realität hatte uns niedergestreckt.

Als es uns wieder besser ging, machten wir uns auf nach Athen. Zum ersten Mal, gab es genügend Autos auf den Straßen und die Parkplätze waren recht voll. Wir suchten uns eine Seitenstraße um den R4 abzustellen und legten unser mitgebrachtes Leintuch über den Innenraum um keinen Langfinger zu motivieren, unser Auto zu knacken. Rauf auf die Akropolis und den Pantheon, toll, wie die Stadt sich so um den Berg herum bis fast zum Horizont ausdehnt. Hier fanden wir zum ersten Mal nach Istanbul wieder Busse und Touristen. Von oben herab sahen wir das Gewirr der Häuser und die vielen Dächer, auf denen es überall Leben gab.

Das wir dieses Leben bald aktiv miterleben würden, war uns zu diesem Zeitpunkt noch nicht klar. Am späten Nachmittag, nachdem wir von unseren Besichtigungen langsam müde wurden, gingen wir ans Auto zurück und machten uns auf, ein günstiges Hotel für die Nacht zu finden. Es gab da Gassen, in denen es kleine - aus unserer Sicht für uns bezahlbare, Hotels gab. Wir fuhren sie an und fragten, so gut es eben ging, ob sie ein Zimmer für uns frei hätten. Für zwei Personen? Na klar - leider nicht, voll ausgebucht.

Das war so die Reaktion, die wir die nächsten Stunden immer wieder erhielten.

Aufgrund der Absagen wurden wir mit unserem Geld etwas großzügiger und die Hotel Kategorie stieg mit jeder Absage, sodass wir zuletzt an Hotels anfragten, die wir uns überhaupt hätten gar nicht leisten können. Irgendwann sagte uns dann so ein lieber Mensch dass wir es schwer haben würden, ein Zimmer für uns zu finden. Schwule und Hippies seien hier nicht gerne gesehen und an die würde niemand vermieten. Was sollten wir in dieser Großen Stadt jetzt machen, es war zwischenzeitlich dunkel geworden und wir wollten nicht im Auto schlafen. Darüber hinaus teilte er uns auch mit, dass die Militärregierung es nicht erlaube, innerhalb der Stadt im Auto zu schlafen und die Gefahr dass wir von der Polizei einkassiert werden würde, recht hoch sei. Dieser liebe Mensch gab uns den

Hinweis, dass er nur eine Möglichkeit sehe, wo wir schlafen konnten. Er zeigte uns ein Haus, in dem am Eingang ein Pförtner wohnte, der Schlafplätze vermietete.

Wir hatten keine Chance und „buchten" für uns jeden einen dieser doch so begehrten Plätze. Billig war das zwar, aber wir konnten erst in zwei Stunden kommen, da bis dahin unser Bett besetzt wäre. Er wollte natürlich gleich cash sehen und wir gingen noch etwas Strullen, wie wir zu sagen pflegten.

Ja, die Griechen waren schon sehr geschäftstüchtig und etwas Besonderes. Also kamen wir um 10.00 Uhr wieder zu unserem Pförtner und der ging mit uns die Treppen des Hauses hoch, zu unserm Zimmer. Das Treppenhaus hörte gar nicht mehr auf und ich denke, es war so im 8. Oder 9. Stock, als wir das Dach des Hauses erreichten. Wir sahen den Himmel und die lieben vielen Sternlein über uns und das Dach des Hauses war mit Betten, die aneinander gereiht waren, vollständig ausgefüllt. Nur kleine Gassen gab es, auf denen man zu seinem Bett kam. Der Pförtner brachte uns zu unseren gemieteten Betten, denen gerade ein netter Grieche entstieg und uns sein warmes, lauschiges Plätzchen zu überlassen. Prost Mahlzeit - wenn das meine Mutter sehen könnte!! Gelbeutel und Führerschein/ Pass auf die Brust und in vollen Klamotten hinein in die Zoohandlung. Ob es dort Läuse oder anderes Getier gab, wollten wir uns gar nicht wissen - wir hatten einen Platz zum Liegen, unter dem grandiosen Sternenhimmel Griechenlands mit Blick auf die Akropolis - wenn man sie denn hätte sehen können. Gute Nacht - irgendwann kommt der Schlaf und übermannt auch die ängstlichsten Gemüter.

Wir waren heilfroh, als die Nacht vorüber war und machten uns schnell vom Platze des Geschehens. Irgendwo einen Kaffee und ein Croissant oder Blätterteilstückchen und die Welt sah schon wieder etwas besser aus.

Noch etwas Athen und dann weiter in den Norden. Mich juckten langsam die Haare und mein erster Bart hatte schon eine mächtige Länge erreicht. Er bestand zwar nur aus einigen spärlichen Härchen, aber diese standen recht unkoordiniert und weiträumig in meinem Gesicht. Überall gab es Barbiere, die auch stets gut besucht wurden. Ich war noch nie bei einem Barbier in meinem Leben. Also, nichts wie hin, eine neue Erfahrung machen. Kalimera und ein freudiges Gesicht (Barbier) begrüßte mich. Die restlichen Besucher schauten eher skeptisch auf mich und ihr Gesichtsausdruck zeigte eher

Missfallen und Unverständnis. Was wollte ich denn dort?! Ich setzte mich auf einen der klebrigen Stühle und wartete, bis mich der Barbier mit einer Geste zu seinem Stuhl aufforderte, dort Platz zu nehmen. Entgegen unseren Frisören hat der keine solche Maschine, die wie ein Rasenmäher benutzt wurde. Verschiede Scheren und Kämme lagen auf dem klein Tischchen und einige Gerätschaften, die ich noch nie gesehen hatte.

Er fasste gleich mit einem Ausdruck der Freude im Gesicht, in meine verfilzten schulterlangen blonden Haare und signalisierte mit der Schere, dass er so an eine Kürzung von mindestens zwanzig Zentimeter dachte.

Mir fuhr der Schreck durch die Glieder, meine mit Mühen und Pflege lang gewordene Haare – ein Statussymbol der Freiheit und meiner ungebrochenen Jugend durfte kein Leid geschehen!

Ich signalisierte durch meine Zeichensprache, dass er die Haare gerne waschen könne, ansonsten jedoch mein Wunsch darin bestand, meinen ach so jungen Bart zu rasieren. Mit dem Waschen war er einverstanden, das Rasieren des Bartes, des Stolzes jeden griechischen Mannes, wie er mir zum Ausdruck brachte, für ihn absolutes No Go war. Wie das nun mal so ist, wenn man mit Griechen Geschäfte macht, jeder redet und jeder redet viel und immer mehr, bis schließlich eine Einigung gefunden wird - oder eben auch nicht. Die Rasur fand trotz heftigster Widerstände statt.

Tücher wurden aufgelegt, eingeseift und massiert, rasiert und geglättet, Einzelhaare aus Ohren, Nase und Augenbrauen wurden in Fasson gebracht oder ganz entfernt-Bindfäden, Feuer, Schere, Messer, alles kam zum Einsatz. Zu guter Letzt wurde meine traktierte Haut mit einer Creme gesalbt, die Haut wurde gepudert, massiert und mit einem Parfüm besprüht, das sonst sicherlich nur in einem „nordafrikanischen Männer- puff" seinen Ursprung haben konnte. Sicherlich hat es auch alle Mitesser und eventuelle Haut Unreinheiten ausgebrannt. Geschafft - der Meister hat alles gegeben und ich denke, es hat ihm unheimlich Spaß gemacht, mich als Opfer, so richtig herzunehmen. Wenige Pfennige waren dann auch sein Lohn, den er forderte. Ich bezahlte gerne diesen Betrag für meine ersten Erfahrungen der Enthaarung der anderen Art in meinem Leben.

Ich war stolz wie Bulle, die Prozedur überstanden zu haben und Walter wurde fast schlecht von dem liebreizenden Duft, den ich im Auto verströmte. Hierzu sei noch erwähnt, dass wir seit zwei Tagen darauf achteten dass wir nicht gegenseitig uns im Winde standen. Die Ausdünstung von Knoblauch, Ziege und Hammel und der Schweiß in Verbindung mit dem Meersalz war eine Mischung, die uns gegenseitig etwas Abstand gab. Waschen alleine genügt halt doch nicht. Also immer parallel im Winde stehen. Also hatte der euphorisierende Duft doch sein gutes, wenn auch nur für eine gewisse Weile. Die Tage gingen und wir näherten uns dem Norden Griechenlands. Albanien war zu dieser Zeit überhaupt nicht bereisbar und total abgeschottet. Also fuhren wir durch das Land der Skipetaren nach Skopje.

Wir entschieden uns, Mazedonien, der Heimat Alexanders des Großen, einen Besuch abzustatten. Die Besiedelung war sehr spärlich und die weit verstreuten Bauernhäuser, von Höfen möchte ich nicht sprechen, machten einen sehr kärglichen Eindruck. Wir trafen am Rande der Straße immer wieder alte Leute, die die Enkelchen und die einzige Kuh oder Ziege, die genauso mager war wie sie, hüteten und den Tag „totschlugen". Das Gelände wurde gebirgiger und die Schluchten tiefer. Immer wieder gab es Waldstücke und wir erreichten dann Skopje. Erster Eindruck - durchfahren. Wir folgten unsere Eingebung und fuhren nach Mostar - zur Brücke, die es heute leider nicht mehr gibt. Raue Berglandschaft und viele Hirten. Wir fühlten uns immer etwas bedroht, keiner weiß warum. Wir wollten wieder ans Meer und uns die bekannte Stadt Dubrovnik anschauen. Als wir aus dem Hinterland das von dem Meere gelegenen Gebirge überquerten, blieb uns fast das Herz Stehen. Welch toller Blick und welche gigantische Landschaft. Die Verbindung des blauen Meeres, das übergangslos in den Himmel ging, die Stadt Dubrovnik mit ihrer Hafenanlage und ihren Verteidigungswällen und dem Altstadtkern, die sich einerseits hilfesuchend, anderseits trotzig und stark an die Felsen lehnte, ca. 500 Meter unter uns.

Wir schauten uns ausgiebig dieses tolle Städtchen an und wir waren uns bewusst, dass jetzt ca. 1600 km Serpentinenstraße entlang der Küste auf uns warteten. Die Straße war sehr gefährlich, da hinter jeder Kurve Steine herabgefallen sein konnten, Ziegen grasten, Kinder - man beachte den Plural, bettelten um Zigaretten - wir nehmen an, dass sie das für die Väter taten?!, Gegenverkehr kam, der häufig die Ideallinie nahm, da der Verkehr ja relativ dünn war und „auch gestern auf dieser Strecke kein Auto gekommen" war? Wenn wir in der Stunde vierzig Kilometer schafften, war das schon recht viel. Gut, es gab auch genügend Aussichtspunkte, an denen wir anhielten um den immer wieder einmaligen Kompositionen von Bergen, und Meer ihren Attribut zu zollen. In den kleineren Städtchen entlang der Küste stellten wir schnell fest, dass wir hier besonders aufpassen mussten, da überall junge Männer unterwegs waren, die nicht ganz vertrauensbildend aussahen. Wir wurden auch immer wieder angesprochen, ob wir Zigaretten hätten, was wir suchten, wo wir hin wollten und ob man uns helfen könne?! Die Kerle auf Abstand halten und nichts konkret sagen - einfach nur schnell weiter!

Unser nächstes Ziel war Zadar, bei Sibenik. Die zweite dieser tollen Adressen, die wir aus Deutschland mitgebracht hatten. Das Haus von Hans und Liliana, am Meer. Wir erreichten Zadar, ein kleines Dörflerin direkt am Meer. Wir fuhren zum Hafen, parkten dort unser Auto und zeigten den älteren Leuten den Zettel mit der Adresse. Ältere Leute waren häufiger hilfsbereiter als jüngere und schienen uns ungefährlicher. Uns sagte die Ansammlung der Buchstaben und Zahlen natürlich gar nichts und wir hatten auch keine Chance, dieses Haus zu finden. Es gab aber hier doch Leute, die den Zettel lesen konnten und mit Gesten signalisierten, dass sie auch wussten, wo es lag. Sie zeigten uns die Richtung mit „Händen und Füßen", in welcher Richtung wohl diese Adresse lag. Also weiter. Wieder fragen und weiter, wieder fragen und dann standen wir vor einem Steinhaus mit einer hölzernen Tür, Klingel gab es keine, Namensschild auch nicht. Wir klopften also an die Türe. Nichts. Wir klopften nochmals, etwas stärker. Jetzt hörten wir, dass sich drinnen etwas rührte. Die Türe ging auf und eine alte Frau - ca. 70 plus schaute uns mit großen Augen an. Wir sagten nur Hans und Liliana Kokot. Das Hirn der Frau zeigte durch den etwas hilflosen Blick der Augen, dass die Zuordnung und Erkennung von uns noch nicht stattgefunden hatte. Da wir natürlich kein Serbokroatisch sprachen - wieder ausgenommen die Zahlen von 1-10, Guten Morgen, guten Abend, Danke, Bitte und einige Worte, die man sehr schnell mitbekommt, die jedoch nicht für den täglichen Konversation geeignet sind, wiederholten wir immer wieder die Namen unserer Sender.

Ja, da kam doch ein Lächeln auf das Gesicht der alten Dame und sie bat uns ins Haus. Wir mussten zuerst einmal Platz nehmen im Wohnzimmer, das aus einem Tisch mit vier Stühlen bestand und einer Kommode, auf die eine Schale mit Obst stand. Christus und Marienbilder hingen an der Wand und zeigten die tiefe Gläubigkeit der Bewohner. Alles war sauber, aber doch von Einfachheit, um nicht Armut zu sagen, geprägt. Eine weitere Dame ca. Mitte 70 bis 80 in geschmeidigem Schwarz gekleidet und etwas mollig, saß auch dort und schaute interessiert die neuen Besucher an. Sie gehörte offensichtlich auch zur Familie. Ob sie Schwestern waren und in welchem verwandtschaftlichen Grade sie zu unseren Wohltätern standen, konnten wir nicht in Erfahrung bringen. Sie waren aber beide unglaublich hilfsbereit und umsorgten uns wie Augäpfel. Sie fragten uns in fließendem Serbokroatisch alles, was sie wo wissen wollten. Wir konnten unsererseits nur erraten, was das war.

Nachdem die verbale Kommunikation recht schnell ihre Grenzen aufgezeigt hatte, versuchten wir alle es mit Handzeichen und Malen und so tauschten wir aus, was den anderen Interessierte oder wo unser Auto stand, und wie lange wir bleiben wollten. Was die Damen auf alle Fälle recht betroffen machte, war unser dünnes Aussehen. So ganz glücklich waren sie mit unseren Frisuren auch nicht, da es auch hier üblich war, dass die Herren der Schöpfung die Haare militärisch kurz trugen. Sie zeigten uns auf der Uhr, wann es Abendessen gab und dann unser Zimmer, in dem wir schlafen konnten. Zwei Betten, Nachtkästchen und eine Art Bank, auf der man die Kleider ablegen konnte. Die Lampe war einfach - sie leuchtete.

Wir waren schnell eingezogen und entschlossen uns, noch etwas das Dorfleben zu erkunden. Als wir dann zum Abendessen zurückkamen, war von dem Tisch im Wohnzimmer fast nichts mehr zu sehen. Gemüse, Kartoffeln, Salate, Brot und ein großer Hafen der bis zum Rand gefüllt war.

Es gab Fisch, genauer gesagt, Seeaal.

Wieder ein sorgenvoller Blick von mir zu Walter - so ziemlich alles, was er nicht mochte. Jetzt erst fiel uns auch auf, dass wir in den letzten Wochen beachtlich abgemagert waren und wir gaben alles, was mir nicht schwer fiel, um die beiden Damen glücklich zu machen. Leider waren sie unersättlich in ihren Bemühungen, den Gewichtsverlust möglichst noch heute wieder auszugleichenden. Der Rotwein, den sie uns servierten, sei selbst hergestellt und sie schenkten ihn reichlich aus. Auch hier wurde uns Nordeuropäern vorgeführt, was echte Gastfreundschaft bedeutet. Sie machten sich einen Sport daraus, uns immer wieder neue Nachschläge auf unsere Teller zu legen. Irgendwann war Schluss - wir platzten fast. Slibovic - zur Verdauung!

Das Bett war dringend nötig und uns fielen sofort die Augen zu. Kein Muezzin am Morgen! Aber ich dachte, dass es regnete, es hörte sich jedoch auf alle Fälle so an. Ich stand auf und ging vorsichtig ans Fenster. Mitten auf der Straße stand eine alte Frau- im traditionellen Schwarz der Witwen und älteren Damen, die Beine recht breit mitten auf der Straße. Ein kleine Bächlein kam unter ihrem faltigen, fast bodenlangem Rock hervor- offensichtlich trug man keine Unterwäsche und das Selbstverständnis der körperlichen Bedürfnisse wurde Rechnung getragen. Als das Plätschern aufhörte, setzte sie ihren Weg ganz gelassen und selbstverständlich fort.
Als die Damen hörten, dass wir wach waren, klapperte es in der Küche. Es gab tatsächlich eine Dusche und ein Wasserklosett, wo wir unsere doch etwas vernachlässigte Reinigung auf den aktuellen Stand bringen konnten. Frisch gewaschen und Zähne geputzt erschienen wir. Die Damen hatten bereits den Tisch zum Frühstück gedeckt. Goldig! Kaffee, der köstlich roch und bei dem das Pulver in die Kanne gegeben wird und mit Wasser aufgegossen wurde - ohne Filter. Man musste nur beim ausgießen aufpassen dass der Satz nicht mitkam. Er schmeckte köstlich. Brot und Marmelade, Tomaten, Gurken, Zwiebel, Paprika und Salami. Sie ermunterten uns wieder reichlich zuzugreifen - was wir auch gerne taten.
Während wir aßen, teilten sie uns mühevoll mit, dass sie heute etwas arbeiten würden oder mussten und wir gerne mitkommen sollten oder dürften. So genau war für uns nicht erkennbar, ob es sich um ein Angebot oder eine Aufforderung handelte. Wir sahen es positiv und signalisierten freudige Bereitschaft. Also ging es nach dem Frühstück gemeinsam zur anderen Seite des kleinen Häuschens.
Das Meer kam dort direkt ans Haus und wir wurden gebeten, in das dort angebunden kleine Boot zu steigen. Es war nicht viel größer als ein Ruderboot auf dem Max-Eyth See nur mit einem Motor versehen.

Eine schwarze Elfe vorne, eine hinten, am Motor zur Steuerung und wir beiden jungen Kerle in der Mitte. Was kam denn jetzt wohl auf uns zu. Der Steuermann und Maschinist zog am Starterkabel und schon begann der Motor seine Arbeit. Wir legten ab und fuhren aus dem Hafen ins offene Meer. Sie navigierten das kleine Boot zwischen die vielen Inseln hindurch, kreuzten eine Fähre, bei der wir Angst bekamen, dass uns die Wellen in den Grund des Meeres versenken würden und freuten sich am tollen Wetter und der schönen Inselwelt.

Das Wasser war glasklar und wir konnten nicht genug schauen. Fische in allen Farben, Seeigel, Korallen und Seevögel waren überreichlich unterwegs. Nach ungefähr einer halben Stunde - wir hatten zwischenzeitlich die Orientierung zwischen all den vielen Inseln verloren - teilte unsere Steuerfrau mit, dass die Insel voraus, ihr Garten sei. Sie wollten dort Gemüse ernten und wir sollten sie gegen 12.00 Uhr wieder hier abholen. O.K. - sie mussten arbeiten, und wir durften uns vergnügen. Na ja, keiner von uns hatte je ein Motorboot gefahren - das war sicherlich auch für die Damen nicht vorstellbar, für die es ja absolut alltäglich war mit dem Boot unterwegs zu sein. Sicherlich war auch jedes Kind hier in der Lage, ein Boot zu navigieren und mit den Anforderungen die dazu nötig sind, klar zu kommen.

Selbstbewusst bestätigten wir, sie abzuholen und ließen die Damen am Strand aussteigen. Sie machten sich mit ihren Körben und Hacken in die Büsche und - zack, weg waren sie, fast unglaublich, dass man sie nicht mehr sah.

Wir wendeten das Boot und Walter als Profi übernahm das Ruder und den Motor. Wir tuckerten so eine Zeit lang zwischen den Inseln durch und fanden einen Platz, der uns zum Schwimmen einlud. Walter warf den Anker hinaus und wir hatten damit unsern Platz im großen Adriatischen Meer markiert und besetzt. Das Meer war herrlich erfrischend und unglaublich klar. Wir tauchten nach allem Möglichen und die Zeit verging wie im Fluge. Wir kletterten wieder ins Boot, was ohne Hilfe von innen, gar nicht sie einfach ist und machten uns „Abmarsch fertig". Anker einholen - wenn es denn ginge. Er hing fest und machte keine Anstalten, sein Verhalten aufzugeben. Allen Anstrengungen zum Trotze behielt er seine Position - Da war guter Rat teuer. Wir kamen zu dem Ergebnis, dass einer von uns an der Ankerkette hinabtauchen musste um den Anker aus den Steinen zu lösen. Walter wollte das machen und er sprang hinein und zog sich an der Ankerkette hinab. Es waren gut 8 Meter bis zu Grund. Er schaffte es und das Boot war wieder frei. Jetzt konnte es zurückgehen. Motor starten und los - aber wohin! Das sah alles gleich aus bzw. nicht so aus, dass wir den Weg zurück eindeutig beschreiben konnten. Richtung halten- Sonne Süden und zwischen den Inseln hindurch. Wir hatten ein „sau mulmiges" Gefühl. Wir wussten, dass dieses Insellabyrinth aus mehreren hundert Inseln besteht-und wir mussten doch nur die eine richtige finden.

Das Glück und wer auch immer war uns hold und wir fanden tatsächlich die Insel wieder, auf der die beiden Damen bereits in ihren schwarzen Gewändern auf die Abholung warteten. Sie luden die Körbe, die mit Gemüse, Tomaten, Kürbis, Feigen und Salt voll waren ins Boot und übernahmen wieder die Rückreise. Wenn die wüssten, was wir die letzten Stunden alles gemacht hatten bzw. wie viel Glück uns hold war, sie würden nicht so ruhig hier im Boot sitzen. Da das Meer selbst in dem kleinen Hafen blitzsauber war und auch dort die Fische nur so herumschwammen, brauchten wir gar nicht weit zu laufen und konnten direkt an der Anlegestelle unseres Hausbootes schwimmen und baden. Außer uns war niemand längere Zeit am Hafen oder an den Booten. Die meist älteren Leute, die dorthin kamen, um mit ihren Booten auf die Inseln zu fahren oder kamen von dort mit Ihren Körben zurück.

So vergingen die Tage mit Faulenzen, Schwimmen und Sonnen. An einem dieser durch Langeweile begleiteten Tage sprang Walter um sich zu erfrischen von unserm Sonnenplatz ins Meer. Die Wasserbombe war klasse. Leider war das Meer nicht so tief und er kam mit dem Fuß am Meeresgrund an. Das wäre noch kein Problem gewesen.

Dummerweise, war dort der Stammplatz eines Seeigels. Der sich bis zu diesem Zeitpunkt dort offensichtlich recht wohl gefühlt hatte. Aufgrund der großen Wucht zertrat Walter mit seiner Ferse das Tierchen total. Hunderte, ja vielleicht tausende von Stacheln staken im Fleisch und waren natürlich nach dem Eintritt abgebrochen- es sah grausam aus. Der Nachmittag war dann mit Stachelpuhlen und Wundversorgung ausgefüllt.

Gottseidank, entzündeten sich die Stacheln nicht und haben eben beim Fahren und Gehen einige Tage das Wohlbefinden erheblich gestört. Und durch die exzellente Fütterung ging es uns wieder besser und wir begannen nicht mehr so rachitisch auszusehen.

Unsere Unruhe kam zurück und wir drängten, unsere Fahrt fortzusetzen. Wir bedankten uns, so gut als möglich bei den Ladys und fuhren weiter der Küste entlang. Je weiter wir in den Norden kamen, desto mehr spürten wir die ersten Ausläufer eines gerade angekommenen Tourismus.

Die Strände, die sonst fast leer waren, waren bevölkert, es gab tatsächlich einige Campingplätze und in den Städtchen sah man Leute, die fleißig dabei waren, das noch rudimentäre Angebot an touristischen Souvenirs zu entdecken. Schon ein gewisser Reichtum war erkennbar. Gleichzeitig mit dieser zarten Pflanze machten sich die negativen Auswirkungen sehr stark bemerkbar. Banden von männlichen Jugendlichen waren überall zu finden. Sie versuchten sich auf die verschiedensten Möglichkeiten, ohne die mühsame Arbeit, sich die viel reicheren Touristen zu Nutze zu machen. Taschendiebe, Überfälle, Betrügereien, angebliche Reiseführer, die als Schlepper fungierten waren an der Tagesordnung. Diese Kerle waren auch überall zu finden, sie lungerten in den schattigen Ecken der Gebäude herum und beobachteten, wo sich für sie lohnendes Opfer auftauchte. Sie strömten Aggression aus und mit ihren in dem Mundwinkel besonders lässig sitzenden Zigarettenstummen und den immer lauernden Augen wirkten sie immer bedrohlich. Sie kamen auf die Leute zu und bettelten sie an, forderten eine Zigarette und bedrängten sie durch ihre Anwesenheit. Wenn sie dann nichts bekamen, zeigten sie Messer und Fäuste und stießen Flüche und Verwünschungen aus. Diese haben wir nach kurzer Zeit auch ganz gut verstanden - definitiv nichts für zart besaiteten Seelen. Überall wurde auch gewarnt, das Auto nicht unbeaufsichtigt abzustellen. Autoradios wurden hoch gehandelt! Es wurde auch gemunkelt, dass die Polizei mit diesen Gesellen zusammenarbeiten würde und für den Fall, dass diese gefasst würden, gegen einen entsprechenden Anteil an der Beute, diese wieder ihrer doch sehr einträglichen „Arbeit" nachgehen ließen.
Wir waren wieder in der Wirklichkeit angekommen und sehnten uns zurück in die letzten drei Monate und den ungefähren 10000 Kilometern, die wir zurückgelegt hatten. Wir hatten auf dieser Strecke und diesen Plätzen solches Verhalten erwartet - jedoch nie erfahren. Es zeigt sich eben, dass wir als Touristen eine hohe Verantwortung tragen und durch unser Verhalten und Auftreten das Vorbild sind für die Menschen, die wir besuchen.

Dabei besteht die Gefahr, dass wir dabei die Begehrlichkeiten der „armen" Leute wecken. Wir sind dafür verantwortlich, dass diese Leute getrieben durch die Gier aus ihrem ursprünglichen gastfreundlichen Verhalten zu „Straßenräubern und Betrügern" mutieren. Als wir auf der Höhe der Inseln Krk und Rab waren, sahen wir ein tolles landschaftliches Schauspiel.

Die Inseln lagen in der Sonne - golden gelb umrahmt von türkisblauem Meer. Am Horizont zogen dunkelrote ins Schwarzblaue gehende Wolken auf und erhoben sich immer mächtiger in die Stratosphäre. In der Ferne sahen wir die Vorboten des Wetters, das sich auch in Kürze bei uns ereigneten sollte. Ein kalter Wind frischte auf - wir hatten von ihm in der Schule gehört und natürlich nie geglaubt, ihn persönlich kennen zu lernen - der Bora.
(Wurde auch immer in den Kreuzworträtseln damals abgefragt.)

Keine zwanzig Minuten später, wehte er so stark, dass wir Mühe hatten, den Böen, die urplötzlich von den Bergen herabfielen mit dem Auto einigermaßen sicher zu entkommen. Sand und Blätter, Äste flogen.
Wir entschieden uns, eins sicheres Plätzchen zu suchen. Wenige Minuten später begann der Regen. Kalt und fast horizontal kam er uns entgegen. Wir fanden dann ein Plätzchen, abseits der Zivilisation - die Angst vor Diebstahl saß tief! Und trotzdem sicher vor fallenden Bäumen. Wir schlugen in dem Sturm das Zeltchen auf, was trotz der wenig notwendigen und inzwischen in Fleisch und Blut übergangen Bewegungsabläufen keine einfache Übung war.
Um zu vermeiden, dass uns die Polizei weiter zu einem Campingplatz zwingt oder jemand die Wetterstation ausnutzt und unser Auto klaut, montierten wir kurzerhand den vorderen linken Reifen ab und markierten eine Reifenpanne.

Hierzu möchte ich noch erwähnen, dass wir auf die Reifen des R4 während unserer Fahrt besonders Acht gegeben haben. Um Reifenpannen zu vermeiden und aufgrund des starken Abriebs - die Straßenbeläge waren sehr hart und kantig und die Oberflächentemperatur in diesen Ländern im Sommer besonders hoch, wurde das Profil der Reifen stark strapaziert. Es kam noch hinzu, dass der Abrieb nicht geleichmäßig erfolgte, Antriebsräder mussten mehr leiden und durch die ungleiche Asphaltierung der

Straßen - Außenkanten waren schwer versaut- war der Abrieb total ungleichmäßig.

Wir wechselten dadurch fast wöchentlich die Reifen durch, vorne nach hinten und diagonal wobei auch das Reserverad jeweils bei diesem Spiel mitspielen durfte. Inzwischen lief also so ein Radwechsel fast wie bei der Formel 1- von der wir damals jedoch keine Ahnung hatten. Wir lagen nun in unsere „elastischen Hütte", gebeutelt vom Sturm und Donner mit Blitzen und dem Trommeln des Regens, in der Hoffnung, dass die Heringe unsere Behausung dem Sturm Stand hielte.

Die Temperatur war schlagartig gefallen und so froren wir wie die Schneiderlein in unseren kurzen Hosen und Sandalen. Von Mitte 30 Grad auf jetzt ca. 10 Grad Celsius, das waren unsere Körper nicht gewohnt und unsere „wärmeren" Kleider hatten wir im Auto verstaut.

Wir rechneten ja nicht damit, dass wir sie so schlagartig brauchen würden. Saukalt und saunass-einfach ungemütlich, das war in Kurzem die Diagnose unserer Lagen.

Um uns wieder positiv einzustimmen, beratschlagten wir, wo wir weiter hinfahren wollten. Eigentlich wollten wir zu den Plitvicer Seen. Dort waren die Winnetou Filme gedreht worden und die Kaskaden und Seen hatten wir auf die Wunschliste unserer zu sehenden Orte gesetzt. Außerdem war in Postijana die größte Höhle Europas, die ebenfalls interessant war. So verging der Nachmittag und die Nacht. - Es wurde einfach nicht besser und nach über fast drei Monaten Sonne und beinahe 10.000 Kilometern Sonne, wollten wir nicht im Regen verweilen. Zurück in die Sonne, das war unser Begehr.

Jugoslawisch verstanden wir nicht und eine Zeitung mit dem Wetterbericht oder gar Radioempfang gab es nicht. Wir entschieden uns weiterzufahren und unser Glück in Italien zu suchen. Dolce Vita zum Ende unserer Reise wollten wir haben und natürlich die Heilige Stadt sehen. Also nichts wie zusammenbauen und ab durch die Mitte. Wir warfen das nasse Zelt und alles was da so lag in Auto und fuhren Richtung Venedig. Einige Stunden später hörte der Regen auf und wir passierten die Grenze nach Italien: Das fühlte sich schon wieder fast wie Zuhause an. Menschen gab es, die eine Sprache sprachen, die einem wenigstens „a bisse" bekannt vorkam. Den verbleibenden Nachmittag nutzten wir, um unseren Sachen und das Zelt zu trocknen. Wir waren froh, dem Sauwetter entkommen zu sein, und freuten uns auf den nächsten Morgen, an dem wir Venedig erobern wollten.

ITALIEN

Wir fuhren über die Brücke, die die Lagune überspannte und stellen unser Auto auf den Parkplatz. Nur wenige Minuten zu Fuß standen die Wassertaxis, die einen durch die Stadt brachten. Wir entschlossen uns wie immer die preiswerteste Lösung zu nehmen und gingen zu Fuß. Am Kanal entlang, stießen wir auf die Rialto Brücke. Jetzt spürten wir, dass doch einige Besucher hier in der Stadt waren. Vorhin auf dem Parkplatz war es eher übersichtlich zugegangen, was zu erwarten gewesen war. Wir folgen den „Ausländern" und kamen automatisch zum Dogenpalast. Ähnlich wie Marco Polo, wurden auch wir nicht gebührend empfangen und nach dem „Bad in der Menge" und den vielen Souvenirläden, waren wir erstmal geschafft. Venedig als Handelsmetropole machte seinem Ruf alle Ehre. So etwas war uns außer im Bazar von Istanbul nicht wieder begegnet. Karnevalsmasken und Kostüme, Glaswaren, die irre teuer waren und jede Menge Kitsch, der den Besuchern zum Kaufe angeboten wurden. Danach schauten wir uns noch den Kanal de Grande mit seinen Gondoliere an und versuchten wieder einsame und ursprüngliche Orte in Venedig zu finden. Es ist ohne Zweifel eine unglaublich bezaubernde Stadt.
Man fühlte sich direkt ins Mittelalter zurückversetzt und man kann sich gar nicht vorstellen, wie es in den Häusern wohl so aussieht. Ab und zu bekam man einen kleinen Eindruck vom unglaublichen Reichtum der großen Palazzi, wenn zufällig eine Türe offen stand und wir einen kurzen Ausflug mit den Augen ins Innere machten. Unbeschreiblich reich müssen die Erbauer gewesen sein - leider sah man, dass im Laufe der Zeit dieser Reichtum verflogen war und die baulichen Kunstwerke eben unter dem Zahn der Zeit stark gelitten hatten. Irgendwann, nach vielen Wegen, Piazzas, Kirchen, Brücken und des doch mit zunehmender Hitze etwas „aufdringlichen" Geruches des alten Wassers, hatten wir nach unsere Meinung genügend Eindrücke gesammelt und arbeiteten uns durch das Labyrinth hinaus zu unserem Auto. Wieder suchen wir ein

Nachtlager. Die Landschaft hatte sich jedoch wieder einmal gravierend verändert.

Die Po Ebene mit ihren weiten und flachen Feldern auf denen Mais, Sonnenblumen, Reis und Pappelwäldern umgab uns. Diese boten uns genügend Schutz und Möglichkeiten, ungestört die Nacht zu verbringen. Weiter fuhren wir über Ravenna, wo das Grab von Theoderich des Großen, des Königs der Westgoten, nach Florenz. Die Abruzzen legten sich uns in den Weg, aber das macht uns nicht aus. Als wir aus den Bergen herab Florenz erblickten, staunten wir über diese tolle Stadt die bereits aus der Ferne unglaublichen Reichtum ausstrahlte. Der riesige Dom und die vielen Kirchen begrüßten uns bereits aus der Ferne mit ihrem Geläut. Wir besuchten natürlich den David und bewunderten die Selbstdarstellung der Borgias und Medici. Und weiter gingt es Richtung Assisi.

Wir hatten uns entschlossen, durchs Gebirge zu fahren. Große Seen und Heilbäder lagen an unserm Wege, bis der Abzweig nach Assisi kam. Der heilige Franz war nicht da, jedoch genügend Pilger, die alle ihr Bestes gaben, um die Regeln der Franziskaner gerecht zu werden. Die Lage des Klosters war sehr beeindruckend.

Man fuhr auf einer geraden Straße, die an die Himmelsleiter erinnert, immer geradeaus nach oben, wo das mächtige Kloster - besser gesagt das Klosterdorf wie ein riesiges Schwalbennest in den Berg gebaut war. Von so viel Heiligkeit und Pilgern fast erdrückt, genossen wir den herrlichen Blick von oben herab, über die Dächer der Klosteranlage hinaus ins ausgebreitete Land, das uns erwartete. Wir fuhren weiter.

Irgendwann stand ein Schild, das uns darauf hinwies, dass es hier zum sagenumwobenen Monte Casino - eine Festung, in der Mussolini im 2. Weltkrieg gehaust haben soll, ging. Hoch auf dem Berg erkannten wir dann auch die wehrhafte Festung, die trutzig in den Berg hinein gebaut war und eindeutig die Macht und Arroganz des Diktators ausstrahlte. Wir hatten keine Lust uns das anzuschauen und fuhren weiter in Richtung Rom.

Zwischen den Bergen und Hügeln lagen riesige Kornfelder. Sie waren aufgrund der Jahreszeit alle schon abgeerntet. Durch ihre goldene Farbe der verbliebenen Halme erweckten sie den Eindruck, als ob hier die Landschaft mit Gold überzogen wäre. Riesige Ballen Kornstroh lagen auf den Feldern und verstärken diese Ausstrahlung noch. Wir durchquerten die riesige Kornkammer und machen in Viterbo Station.

Direkt an der Straße erhob sich dieser „Stadtberg", der auf die Etrusker zurück geht und mit seiner wehrhaften Anlage und den schönen Kirchen, die schwarz-weiß gestreift sind, uns recht beeindruckte. Am Bolsenasee entlang, fuhren wir durch eine grüne und fruchtbare Landschaft, die immer wieder mit altertümlichen Städten auf Bergrücken und Gräbern der Etrusker gesäumt war. Am frühen Morgen des nächsten Tages zogen wir in Rom ein und stellen unseren R4 in einer Seitengasse, unweit des Vaterlandsdenkmals ab. Alarmanlage scharf gemacht, Innenraum mit dem Betttuch abgedeckt, alles was wichtig war an unseren Körpern verstaut und ab in die „Heilige Stadt". Engelsburg, Tiber, Vatikan, die Schweizer Garde in ihren bunten Uniformen, zum Kolosseum, Terme di Caracalla, Rennbahn, Trevi Brunnen und und und…

Alles absolut beeindruckend und überwältigend. Wir konnten alles ausgiebig besichtigen, die Anzahl an Touristen war überschaubar. Das für mich jedoch prägendste Erlebnis, hatte ich im Vatikan, Papst Paul dem VI´s Heimstatt. Pillen Paule wohnte nicht nur recht beeindruckend, wofür er ja nichts konnte, das war alles Jahrhunderte lang von seinen Vorgängern zusammengeraubt und ausgebeutet worden. Michelangelo hat sein Bestes gegeben - unglaublich, was im Namen der Kirche - angeblich im Namen und zum Ruhme Gottes, von seinen Stellvertretern auf Erden errichtet wurde. Ganz besonders überwältigend war für mich die Schatzkammer.
Die Diamantsterne, für was auch immer die sein sollten oder was sie symbolisieren sollten, waren dabei der Gipfel des für mich nicht nachvollziehbaren Unsinns, der mit dem Blut von Millionen Gläubiger und auch Ungläubiger bezahlt wurde. Die Rechtmäßigkeit und die Bescheidenheit als Vertreter Gottes, spiegelten die Anhäufung all dieser Schätze sie auf alle Fälle nicht wider.

Wieviel Elend und Not wurde in den letzten Jahrhunderten im Namen der Kirche verursacht?

Von der Verfolgung und weitgehende Vernichtung der Südamerikanischen Reiche um das Gold der Inkas in „Kreuze" zu gießen oder die Macht der Kirche zu ihrem alleinigen Wohle zu fördern, bis zum heutigen Verbot von Verhütung, um die Anzahl der Gottesschafe nicht zu gefährden reicht dieses Spektrum. Inquisition und die Dogmatisierung der Massen besonders in die unterentwickelten Länder durch die Zerstörung ihrer Geschichte und Lebensformen ergänzten eine für mich unchristliche Verhaltensweise der Vertreter Gottes auf Erden. Die Ablassbriefe hingen symbolisch in wunderschönen Gemälden an den Wänden und waren als mit brillantbesetzten Roben und Mytren zu sehen. Ablass und über Jahrhunderte gesteuerte Erbpolitik der Gläubigen ermöglichten den Gebenden die Vergebung und den trockenen und sicheren Platz im Himmel.

Das Fegefeuer schürte die Bereitschaft zum Geben um diesen herrlichen Tempel der göttlichen, bzw. irdischen Macht errichten zu können. Da Petrus, der Vorgänger der Päpste nie in Rom war, spielte dabei auch keine Rolle mehr.

In kurzen Worten - der Geist und Inhalt der Lehre ist absolut richtig, das Bodenpersonal, das diese Lehre umsetzen soll, jedoch seit Generationen unfähig. Es ist und bleiben eben halt auch nur Menschen, auch wenn sie heiliggesprochen werden.

Für mich war klar, nach meiner Rückkehr, werde ich eine Entscheidung treffen, ich wollte nicht mehr zu den Millionen willenloser und dogmatisierter Mitläufer gehören.

Aber auch das war eine Erkenntnis für mich, jeder so, wie es ihm gefällt.

Wir suchten uns ein Nachtlager in der „heiligen" Stadt. Da war aber guter Rat teuer, nach unserer Erfahrung in Athen, wollten wir lieber mit weniger zufrieden sein und uns nach einer flexibleren Bleibe umschauen, zur Not im Auto schlafen.

Direkt vor dem aus weißem Marmor errichteten Vaterlandsdenkmal, beschützt von dem auf dem Dache stehenden Wagenlenker, war ein großer Kreisverkehr. Die Römer lieben es ja, mit kleinen Gärten die Bauwerke etwas aufzulockern und Parkanlagen entstehen zu lassen.

Einer dieser wunderschönen grünen Plätze war hier - mit halbhohen Büschen bewachsen, ein idealer Schlafplatz für uns. Warm genug war es ohnehin, um nur mit dem Schlafsack im Freien die Sterne zu bewundern. Wir stellten also das Auto unweit davon an die Straße und bei Einbruch der Nacht, machten wir es uns in den Decken gemütlich. Jedoch nicht sehr lange, zwei Polizisten patrouillierten in ihren schwarzen Uniformen vorbei und entdeckten uns. Sie waren freundlich jedoch sehr bestimmt und erzählten uns in fließendem italienisch, dass wir hier nicht schlafen könnten und da das nur wegen unserer Sicherheit wäre. Wir sollten doch besser in ein Hotel gehen - „Brülle, wenn du kannst". Sie vertrieben uns und somit blieb uns eben nur die letzte Option, in einer kleinen Seitenstraße im Auto zu pennen.

Wir waren froh, als der Morgen über die gesegnete Stadt kam. Wir schauten uns weiter die Stadt an und fuhren am Nachmittag über die Via Appia Antika hinaus in die Gärten er früheren Cäsaren. Durch Alleen von hohen, mächtigen Pinien die schattenspenden die Jahrtausende alten Straßen säumten und den Eindruck machten, als ob sie bis zum Horizont gingen, führte uns unsere Fahrt.

Hier mussten auch die ersten Christen gekreuzigt worden sein.

Ja, die Weltgeschichte lag hier auf Schritt und Tritt einfach so auf der Straße. Weiträumig lagen die Villen der Cesaren und Herrscher der Vergangenheit im Ostend der Stadt.

Man konnte sich bildlich vorstellen, in welchem Pomp und Wahnsinn die Kerl hier mit ihren Sklaven und Sklavinnen sich es sich eben recht gut gehen ließen.

Das Aquädukt, das über hundert Kilometer Entfernung das frische Wasser vom Gebirge nach Rom brachte und die vielen Brunnen und Bäder speiste, stand ebenfalls nur so in der Landschaft. Beeindruckend, diese Leistung!

Nicht nur dass es sich über „Stock und Stein" unter Missachtung jedes Hügels oder Tales geradlinig durch die Landschaft zog, auch das Gefälle war stets 1,5 % - einfach irre.

Am nächsten Tag entschieden wir uns dazu, wieder ans Meer zu fahren und der Küste entlang nach Pisa. Wir kamen in Civitavecchia an und gingen am Abend durch die Gassen. Plötzlich hörten wir einen Singsang und es roch auch eigenartig. Wir suchten, wo dieses Geräusche, die wir noch nie gehört hatten, her kamen. Frauenstimmen, „Engelschören" (wer hat die denn schon gehört?) gleich in einem sehr traurigen und jammervollen liturgisch anmutendem Lied waren zu hören. Wir gingen weiter und die Stimmen wurden lauter. Einer Seitengasse folgend, standen wir plötzlich vor einer offenen Türe mit einer Treppe, die steil nach unten ging.

Die „Musik" wurde wiederum lauter und von unten schien ein Licht herauf und auch die Düfte verstärkten sich. Wir gingen vorsichtig weiter, die Treppe hinab. Plötzlich sahen wir die Sängerinnen, sechs an der Zahl, alle in Schwarz mit schwarzen Kopftüchern, mit denen sie die Köpfe eingehüllt hatten. Über den gefalteten Händen waren Rosenkränze und Kreuze und jede von ihnen hatte eine brennende Kerze zwischen den gefalteten Händen. In ihrer Mitte lag eine Person aufgebahrt, die in prächtigem Gewand mit gefalteten Händen, in den Lilien steckten, ausgestreckt da lag. Das Gesicht war weiß geschminkt und erinnerte an eine Porzellanmarke. Die Lippen knallroten und roten Wangen ließen die Person unnatürlich lebend aussehen. Die gesamte Gruppe saß unterhalb eines großen golden Kreuzes und vieler Kerzen sowie Bilder von Maria.

Weihrauch brannte in verschieden Räucherplätzen und verbreiteten diesen für uns unbekannten Duft. Wir erschraken zutiefst - War das die Mafia? Was passierte da gerade! War das eine Totenfeier? Wir wussten nur eins, wir gehörten nicht hierher - und zogen uns so leise als möglich wieder zurück und schauten, dass wir wieder in belebtere Straßen kamen, der Schreck steckte uns noch in den Knochen und verfolgte uns auch die kommenden Nächte noch, als unser Unterbewusstsein diese Geschichte verarbeitet. Entlang der Toskanischen Küste kamen wir nach Pisa, wo wir natürlich den schrägen Turm besichtigten. Wir hatten langsam wieder von der vielen Sonne genug und sehnten uns in die Berge. In Verona besuchten wir den Balkon von Romeo und Julia. Die Stadt zeigte auch heute noch, dass sie am Schlüsselpunkt zwischen den deutschen Kaisern und den Langobarden beziehungsweise allen Besuchern des „heiligen Stuhles" lag und damit an all dem vorbeikommenden Reichtum partizipiert. Autostrada gab es in Italien zu dieser Zeit noch keine - auch keine diesbezüglichen Gebühren:

Wir fuhren deshalb, Dorf für Dorf durchquerend die Etsch aufwärts und kamen an den tausenden von grünen und roten Äpfeln vorbei in Bozen an. Hunger hatten wir immer, das lag nicht nur am Alter, sondern auch daran, dass wir mit unserem Budget extrem eng haushielten. Die Äpfel sahen schon sehr lecker aus, schade, dass die Südtiroler ihre Schätzchen gut eingezäunt hatten. Aber wir waren ja auch gut sportlich.

Mundraub, nimm deinen Lauf.

Wir hatten ziemlich große Münder und waren mit ausreichend frischen Äpfeln versorgt. Wir wuschen sie im Fluss und wir starteten mit unserer Apfel Diät.

Wir suchten uns für die Nacht einen schönen, abgelegenen Heustadel und genossen den Abend mit unseren Diät Freunden. Wir stellten natürlich das Auto so, dass es möglichst nicht gesehen werden konnte. Dabei war zu beachten, dass wir jederzeit starten und wegfahren konnten. Wir waren sicher, dass wir nicht alleine im Gebirge waren und die Heustadel auch von Handwerkern, die auf der Walz waren oder von „Eingeborenen" die zum Schnaxeln ein ruhiges Plätzchen suchten gerne benutzt wurden. Wir stiegen in den Stadel zur Nachtruhe ein und legten uns aufs Heu. Es piekte leicht und wir machten unsere Schlafkule. Die Idylle ließ von Stunde zu Stunde nach. Das Heu war staubig und trocken, es drang durch die Kleidung und wir versanken durch unsere Füße Bewegung langsam immer senkrechter im Heuhaufen. Von Zeit zu Zeit mussten wir uns dann wieder ausgraben und einen neue Kule bauen- Das Spiel ging von vorne los. Schön, dass auch dieser Morgen kam und als die Sonne über die Berggipfel blinzelte, brachen wir auf. Über die versunkenen Kirche am Reschen Pass, deren Bild und bekannt war, und das von den damaligen Touristen und Alpenüberqueren gerne als Urlausgruß verschickt wurde, über den Fern Pass nach Reute.

Wir wollten, einen möglichst kleine Grenzkontrollposten zum Wiedereintritt nach Deutschland benutzen und bogen deshalb in Richtung Hinter Steiner Tal ab. Diese Grenzstation kannte ich aus meine „Kindertagen" wo wir im Allgäu jedes Jahr Station gemacht hatten. Wir waren jetzt 13 Wochen unterwegs, und unsere Garderobe und Anblick hatte schon unter der stetigen Sonne und dem Einfluss des Meeres uns durch gebräunt. Unsere Haare sind in der Zeit auch gut gewachsen und man sah auch dem Auto an, das es einige Strapazen hinter sich hatte. Junge Leute mit langen Haaren und „verwegenem" Aussehen, waren sicherlich gefährlich.

Wir fuhren schon mit recht weichem Magen auf die Zollstation zu. Zuerst auf der Österreichischen Seite - der Zöllner winkte uns durch. Zwei Kilometer später, der deutsche Zoll. Nach kurzem Blick auf unseren Personalausweis, den Reisepass mit seine vielen fremd aussehenden Stempeln, haben wir besser stecken lassen. Vor uns waren zwei Autos, mit älteren Menschen - das war ja wirklich nichts Besonderes, die nach kurzem Blick auf den Personalausweis und den obligatorischen Frage: haben sie etwas zu verzollen, durchgewinkt wurden. Jetzt waren wir an der Reihe. Die Papiere, bitte. Walter händigte dem Zöllner unsere Personalausweise aus, unseren Blick auffällig unauffällig in die Ferne schweifend. Die obligate Frage nach der Verzollung kam - „Nein, wir haben nichts zu verzollen". „Woher kommen sie?" „Aus Italien.", „Waren sie noch woanders?"

– „Ja in Jugoslawien." – „Fahren sie auf die Seite und warten sie dort!" Da hatten wir die Schoße. Es kam, wie es kommen musste.
Wir fuhren auf die Seite und warteten. Es kamen zwei Zöllner mit einem Schäferhund. Machen sie alle Türen auf - und Hundi durfte unseren Innenraum begutachten. Er ließ sich weidlich Zeit und wir hatten es ja auch gar nicht eilig. Den Zöllnern war anzumerken, dass sie mit uns einen äußerst viel versprechenden Fang gemacht hatten, den sie sich auch nicht entgehen lassen wollten. Papiere wurden ausgiebig geprüft, Taschen und Koffer geöffnet und ausgeleert. Alles bis jetzt ohne bemerkenswertes und für die Zöllner zufriedenstellendes Ergebnis. Also nächste Zollstufe - Bauen sie die Sitze aus - alle Innenverkleidungen entfernen. Tankdeckel öffnen. Immer wieder fiel unser Blick auf die an uns vorbeifahrenden Touristen, in deren Gesicht zu lesen war: endlich wieder zwei Drogenschmuggler, die man erwischt hatte. Auf die deutschen Ordnungsorgane ist halt doch Verlass!
Gott sei Dank:
Nun waren es schon fast zwei Stunden, die die Obrigkeit sich mit uns und unserem doch spärlichen Eigentum beschäftigte.
Wo haben sie das her, was haben sie sonst noch gekauft - hatten sie Kontakt mit Einheimischen, Zigaretten? Alkohol? Kaffee?
Bei einem Päckchen Kaffeebohnen, das wir in Jugoslawien gekauft haben, hatten sie dann ein Erfolgserlebnis. Die Einfuhr dieser Menge - ich glaube es war ein Kilo - sei nicht gestattet und die Übermenge müsste verzollt werden. Einige Mark Zoll wurden fällig - und dann erlaubten sie uns großzügig, das Auto wieder zusammenzubauen und unsere Sachen einzuräumen - In der Ruhe liegt die Kraft. Geschafft!!!

Auf nach Hause und zuerst mal richtig Baden und Reine machen. Gutes schwäbisches Essen, stand auch ganz oben auf der List und natürlich ein bis drei Gläsla Trollinger -
Ob wir nach dieser Zeit überhaupt arbeitsfähig waren - Uhrzeit war nicht mehr so wichtig gewesen für uns, Regeln gab es nicht, die letzten Wochen, tun und lassen, was man will - Keiner der über die Schulter schaut oder einen Job andient:

Wir waren gesund, unsere Haare noch länger geworden und ganz ausgebleicht von der Sonne und dem Salzwasser, hatten von unseren

800 DM noch über 300 DM wieder mitgebracht, waren 10850 Km weit mit dem Renault R4 gefahren, hatten alle Situationen gut gemeistert - kurz gesagt, wir waren stolz wie Bolle.

Unsere Eltern waren froh, uns wieder zu haben und wir freuten uns ausgiebig baden zu können und den Annehmlichkeiten der Zivilisation wieder frönen zu können. Der Trollinger schmeckte super und wir hatten jede Menge zu erzählen.

ENDE DER REISE

...im Folgenden noch einige bildliche Eindrücke...

1972   13 Wochen   10850 KM

1972 13 Wochen 10850 KM

Nachbetrachtung

Heute, mit 62 Jahren, über 40 Jahre nach dieser Reise schreibe ich die Ereignisse nieder.
Warum nicht früher? Relativ einfach, denke ich.

In der Zeit nach der Reise hatte ich einfach keine Zeit, wie man einfach keine Zeit hat, wenn das Leben einen voll einnimmt, beziehungsweise die Prioritäten anders geordnet sind. Zuerst die richtige Frau finden, die Ausbildung abschließen, heiraten, Kinder, die Karriere, das Häuschen ...willkommen im richtigen Leben.
Kurz gesagt - mein Auto, mein Swimmingpool, mein Häuschen.

Als mich dann mit 57 Jahren ein Krampfanfall ereilte, der den Lendenwirbel zerriss, hatte ich auf einmal sehr viel Zeit. Ich bekam die Chance die Wertigkeiten in meinem Leben neu zu sortieren und von ganz unten neu zu starten. Dabei gingen bei mir immer wieder Schubladen aus dem Unterbewusstsein auf, die offensichtlich mein Bewusstsein noch nicht verarbeitet hatten. Immer wieder kamen in mir Bilder hoch, die Teile dieser Reise waren und von denen ich gar nicht mehr wusste, dass ich sie gespeichert hatte. Letztendlich stelle ich fest, dass diese Bilder die Abrechnung mit der Vergangenheit und gleichzeitig die Grundlagen für meine Entwicklung in den kommenden Jahren aufzeigten und je weiter und tiefer ich die Schublade öffnete, desto ergiebiger wurden diese Bilder.
Die Bilder hatte ich im Schlafe, meistens so ab 3:00-4:00 Uhr in der Nacht. In dieser Zeit habe ich offensichtlich den besten Zugang zu meinem Unterbewusstsein. Also, jetzt ist es an der Zeit diese Reiseeindrücke und Erlebnisse nieder zu schreiben, umso erstaunlicher, welche Details trotzdem noch vorhanden sind. Über die Jahre hinweg, hat sich aufgrund meiner persönlichen Entwicklung etwas entwickelt, das mir zur damaligen Zeit im Sinne der kommenden Ereignisse total verdrängt oder nur vermindert war genommen haben.

Verzeihung an meine Eltern - nicht dass ich meinem Egoismus gefolgt bin, sondern dafür, dass sie das ertragen mussten.

Heute, als Ehemann, Vater und Opa, kann ich nun doch nachempfinden, wie es meinen Eltern in dieser Zeit ergangen sein muss, als ich einfach so - aus relativ heiterem Himmel, das Fliegen anfing. Ich muss und möchte heute meinen Eltern Abbitte leisten, für das, was ich ihnen mit dieser meiner ersten - und den darauf folgenden Reisen - in fast hundert Ländern der Welt angetan habe. Ihr Lebenswerk bestand darin, mich und meinen Bruder behütet und umsorgt in Frieden aufzuziehen. Die Erfahrungen der Kriegszeit prägte sie und sie wollten uns das alles geben, was sie nicht erfahren durften.

Und kaum sind die „Kleinen" flügge - machen sie sich aus dem Staube. Um es mit dem Stauferkaiser Friedrich II. zu sagen, der in seinem Buch über die Falkenzucht im 12. Jahrhundert sinngemäß sagte: „nur wer den Falken fliegen lässt, hat auch die Chance, dass er wieder zurückkehrt."

In einer Zeit, in der man nicht wusste, was in den anderen Ländern so genau vor sich ging, bei Unfällen oder ähnlichen Situationen niemand helfen konnte, die wirtschaftliche Situation keine zusätzliche Sicherheit bot, Kommunikation überhaupt fast nicht möglich war, lies ich meine Eltern mit ihren Ängsten und Sorgen bezüglich meiner Person 13 Wochen ganz allein. - Es war gut, dass weder sie noch ich/wir wussten, was alles so in den Ländern passierte oder passiert war, die wir so unbedarft bereisten.

Nur einige Stichworte, die in 1972 auftauchten:

- Der Vietnamkrieg war voll in Aktion.
- Alice Schwarzer demonstrierte für das Recht der Frauen über die Selbstbestimmung ihres Körpers - § 218 Abtreibung.
- Die Olympischen Spiele in München wurden von dem Attentat überschattet.
- Die Rote Armeefraktion mit ihren grausamen Aktionen machte Deutschland unsicher - Ulrike Meinhof wurde am 15.6. verhaftet.
- Der kalte Krieg war noch voll im Gange und die Machtblöcke näherten sich etwas an. China öffnete sich etwas aufgrund des Besuches von Richard Nixon in China.

- 1972 war das längste Schaltjahr im gregorianischen Kalender seit seines Bestehens und mit einem Schalttag und 2 Schaltsekunden länger alle übrigen.

Rückwirkend habe ich **die politische Situation** der einzelnen Länder nach recherchiert, da wir während unserer Reise diese Information nicht hatten und auch nicht so deutlich warnahmen.

Jugoslawien - regiert von Feldmarschall Tito, der nach dem Kriege die einzelnen Landsmannschaften per Dekret und mit ganzer Macht unter seiner Schirmherrschaft „vereinigte" und mit Unterstützung der UDSSR mit harter Hand regierte.
Bereits beim Grenzübertritt konnte jeder wahrnehmen, dass er jetzt den Ostblock betrat und es Schluss mit lustig war.

Bulgarien - als weitere Verschärfung des „Ostblockes" und als Trabant der UDSSR und dessen treuer Waffenbruder, strahlte dieses Land für uns nur Kälte und Sozialismus aus, der sich überall für uns in Armut widerspiegelte. Die Präsenz der Militärpolizei in ihren drohenden schwarzen Uniformen mit Lederstiefeln ließen keine Zweifel an ihrer uneingeschränkten Macht und Hoheit.

Türkei - nach wie vor waren die Ideen und Taten von Mustafa Kemal Atatürk, der 1881 in Saloniki geboren wurde und am 10.11.1938 starb - und die moderne Türkei gegründet hatte, zu spüren. Er führte die Türkei vom Sultanat und Kalifat mit seien gesellschaftlichen Reformen in eine Land mit starkem Nationalbewusstsein und wurde zum Symbol des türkischen Selbstbehauptungswillen. Im Jahre 1971 fand ein Militärputsch statt, der die Machthaber des 4. Militärputsches an die Macht brachten. Überall war noch Unsicherheit und militärische Präsenz zu spüren. Truppenbewegungen und Militärlager im Innern der Türkei waren überall erkennbar. Folter und Militärgerichte bestimmten das Verhalten der Bevölkerung, bei denen es darum ging, auf keinen Fall aufzufallen und damit in Gefahr geraten, und durch die damals rüden Verhörmethoden Schaden zu erleiden. Schätzungen gehen davon aus, dass in 1971 über 10000 Verhaftungen stattfanden. Die Bastonade - siehe auch Geschichten von Kara Ben Nemsi - war durchaus eine noch übliche Foltermethode. Die Kurden wurden unterdrückt und nicht nur im Osten herrschten kriegerische Aufstände. Selbst in an der Meeresküste im Westen der Türkei wurden Campingplätze und Militärisch wichtige Plätze und Orte stark vom Militär bewacht.

Griechenland - die Militärregierung Papadopoulos war von 1967 bis 1974 durch einen Umsturz und die Entmachtung des Königshauses an die Regierung. Überall demonstrierte sie ihre absolute und uneingeschränkte Macht, um jegliche Zweifel im Keime zu ersticken. Sie wurde nur das „Regime der Obristen" oder die „Junta" genannt. Die Präsenz des Militärs war an allen öffentlichen Plätzen und Einrichtungen deutlich durch die anwesenden Soldaten spürbar. Für mich war das deutlichste Zeichen, das Plakat, das über den Kanal von Korinth gespannt war und jedem der dort durchfuhr deutlich signalisierte, was Sache ist.

Italien - weit gefehlt, wenn man annahm, dass dort Frieden herrschte zu dieser Zeit. Papst Paul der VI - damals kurz „Pillen Paule" genannt, da er mit harter Hand die sexuelle Befreiung und ihre Auswirkungen mit dem risikoarmen Einnahme der Anti-Baby-Pille untersagte und auch die Abtreibung entsprechend verbot, sorgte dafür, dass sich die Gläubigen weiterhin im Namen der Kirche ungehindert vermehrten - ganz besonders in Afrika und Asien, wo dies zur entsprechenden Verarmung der Bevölkerung führte. Dies gab Anlass zu kräftigen Diskussionen in der Gesellschaft. Er war der 262igste Nachfolger Petri in Rom.
Damals wurden Italien, die Pizza und das Dolce Vita von den Deutschen als Traumziel und Lebenselixier entdeckt. Goethe war ihnen vorausgegangen und jetzt wollten sie auch mal da hin.
War bei der „Umsiedlung" der Süditaliener nach Südtirol/Norditalien und damit der Verdrängung der Urbevölkerung nur das einzige in beiden das Wort SÜD, so war in der Wirklichkeit ein intensiver. „Sprachkrieg" ausgebrochen. Die Besetzung von Regierungs- und Verwaltungspositionen mit Süditalienern und Zurückstellung der Südtiroler als Landesbevölkerung brachten allseits Unruhen. Im Angedenken an Andreas Hofer, dem südtiroler Widerstandskämpfer, gab es bis in die 80 Jahre noch blutige Attentate die den Widerstand zum Ausdruck brachten.

Alle diese Dinge wussten wir damals nicht so genau - eben nur so aus der „Ferne". Wir hatten ja dazu gar keinen Bezug. Unser Leben war geprägt vom Wirtschaftswunder und der Selbstfindung. Auch in den Nachrichten ging es mehr um den permanenten Erfolg der Wirtschaft und der Politik in den „höheren" Sphären. Fürs Volk ging es um das „verbotene und unzeitgerechte" Verhalten der jungen Wilden!!!Es war die Zeit der Miniröcke und der Popkonzerte. Eben Brot und Spiele.

Ich zolle deshalb meinen Eltern höchsten Respekt dafür, dass sich mich frei entwickeln ließen und mir die Chance gaben, meine Fehler selbst zu machen.
Auf dieser Reise, die als Bindeglied zwischen meiner Jugendzeit und dem Erwachsenwerden steht, haben ich die für mich wichtigsten Verhaltensweisen herausgeschält, die in mir verborgen waren, ob erzieherisch oder erbtechnisch - jedoch sich seither in der „beschützten Welt" nicht so deutlich zeigen konnten. Diese Reise weckte viele Seiten meiner Persönlichkeit aus dem Dornröschenschlaf auf und prägten so mein weiteres Leben. Hinzuzufügen ist noch, dass parallel zu diesem persönlichen Erwachen auch ein Erwachen der Gesellschaft stattfand. Neuorientierungen in allen Bereichen fanden statt. Die Zeit der Roten Armee Fraktion, antiautoritäreren Erziehung und sexueller „Befreiung" mit Beate Uhse etc. fanden statt. Die Wohlstandsgesellschaft etablierte ihre Statussymbole mit Auto und Fernseher - und erste Fernreisen über die Alpen nach Rimini. Die Werte der Vergangenheit wurden offen zuerst mal in Frage gestellt. Gleichberechtigung - seit 1969 durften auch Frauen den Führerschein machen und Auto fahren!!!!!! - wurde in allen Bereichen geübt und experimentell gelebt.

Aus diesem Grunde war es für mich besonders wichtig, ohne Einflussnahme von außen, in diesen 13 Wochen mich zu beobachten und festzustellen, wer ich bin und was für mich wichtig ist. Die nun folgenden Eigenschaften und Werte haben mich dann auch mein ganzes Leben begleitet.

Für mich als besonders wichtig und während der Reise als besonders hilfreich waren folgende Denk und Verhaltensweisen. Teilweise resultieren sie aus Erfahrungen der Vergangenheit, teilweise eben aus dem empathischen intuitiven Verhalten, das sich spontan ergab und sich als richtig bzw. gut herausstellte:

Freiheit - besonders hoch einzuschätzen, da sie nur ganz vereinzelt anzutreffen war und die Leute häufig in Angst und Schrecken lebten und eine freie, unabhängige Meinungsäußerung kaum zu erhalten war. Misstrauen und Zurückhaltung überall. Da kann sich weder eine Person noch ein System positiv entwickeln. Häufig nur realisierbar, wenn auch die wirtschaftlichen Verhältnisse entsprechend sind - leider häufig nur eine zwischen Phase innerhalb von Revolutionen oder Dogmatisierungen.
Die Freiheit nimmt dann ab, wenn sie erreicht ist. Sie zerstört sich häufig selbst.
Körperlich, geistig emphatisch, kulturell, finanziell,

Unabhängigkeit in Verbindung mit Freiheit ist ein tolles Gut - nur so kann sich das Individuum entwickeln - zu was auch immer. Der Mensch ist häufig nicht in der Lage damit umzugehen und sehnt sich nach Führung und Bevormundung - er ist häufig faul und verantwortungsscheu.

Intuitives und emphatisches Verhalten - Aufgrund des „Nichtwissens" oder nur rudimentären Wissens konnten wir nicht auf empirische Erfahrungen und Verhalten zurückgreifen. Wir konnten nur Gelerntes prüfen ob dies noch anwendbar und gültig war und dann so entscheiden und handeln, dass die Gefühle der Anderen nicht verletzt wurden. Aufgrund der Vielzahl und total unterschiedlicher Aufgabenstellungen und Herausforderungen mussten Entscheidungen extrem schnell getroffen werden, ohne die Auswirkungen in Gänze zu begreifen oder erahnen zu können.

Zähigkeit - Wir wussten was wir wollten - oder auch nicht so genau -, aber die Freiheit hat uns gerufen - das ist nichts für „Kurzstreckenläufer". Das Leben ist ein Marathon, bei dem es konstant Hindernisse gibt, bis man im Ziel ankommt und sich selbst erledigt. Das ist nichts für „Mammakindla". Wir mussten immer wieder Widerstände beseitigen, Hindernisse umfahren, neue Lösungen suchen und finden. Laufen lernt nur der, der immer wieder aufsteht, wenn er hingefallen ist. Wer als erster oder zu früh aufgibt, hat keine Chance Sieger zu werden.

Selbstvertrauen und Vertrauen muss man sich erarbeiten. Es resultiert wie das Wort sagt daraus, dass man auf sich selbst vertraut. Nur wenn man sich vertraut, kann man auch beginnen, anderen zu vertrauen. Ohne Vertrauen in die anderen braucht man gar nicht anfangen zu leben. Klar, dass wir uns dabei auch immer wieder blaue Beulen holen - aber ohne die Grundeinstellung, mit Vertrauen der Welt zu begegnen, geht es nicht. Wichtig dabei ist, dass wir die uns selbst gestellten Aufgaben schaffen und uns von anderen keine Aufgaben überstülpen lassen, die wir nicht meistern können. Ein Ja ist ein Ja und ein Nein ein Nein! Obwohl wir von vielen Leuten umgeben sind - final sind wir alleine!
Deshalb war für mich auch der Ausspruch Stalins immer wichtig: Vertrauen ist gut - Kontrolle ist besser. Kontrolle habe ich jedoch nicht benutzt, um andere zu piesacken oder zu messen, sondern zum Schutz des Anderen.

In der Reduktion liegt die Chance. Wir mussten vom ersten Tage lernen, mit dem, was wir hatten auszukommen und alles, was auf unserem Wege war, zu nutzen. Wir hatten keine Ahnung, wie weit es reichen würde. Mit wenig - dem Wesentlichen - auszukommen, daran hatten wir Freude. Wir haben keine Zeit mit Dingen vergeudet, die uns nicht weitergebracht haben. Ablenkungen gab es nur für die, die auch im Sinne unseres Zieles waren.

Zuverlässigkeit - Wir haben uns nichts gegenseitig versprochen oder vorgemacht, dass wir nicht halten konnten. Wir konnten und mussten uns auf den Anderen blind und jederzeit verlassen können. Das war gar nicht schwieg, die Übermacht der anderen war immer erdrückend und ohne sprachliche Verständigung waren wir nur auf unsere natürlichen Schutz Sensoren angewiesen, die eigentlich immer scharf waren. Wir wussten auch nie, ob und in welcher Form wir in Gefahr kommen konnten. Wenn etwas vorkam, diskutierten wir nicht lange, sondern machten, was nötig war. Es war uns auch klar, dass einer alleine in der weiten Ferne, niemals eine Chance hat. Not/Einsamkeit scheißt zusammen. Dazu gehörte auch, dass wir nur das zusagten, was wir auch tatsächlich halten konnten. Underpromise-overfulfillment nennt man das heute wohl und ist leider nicht mehr weit verbreitet.

Chancen denken - das Beste aus dem machen, das gerade vorhanden oder verfügbar ist, und zwar jetzt. Der beste Gedanke zählt nicht, wenn ihm keine Tat folgt. Wir standen so oft vor Situation in denen wir uns gefragt haben: und jetzt? Und das Lichtlein kam. So lange wir atmen, so lange leben wir und so lange haben wir die Möglichkeit, diese zu bewegen und zu ändern. Nicht Zeit mit Zögern verschwenden. Jetzt ist immer - wenigstens häufig - der beste Zeitpunkt, etwas zu tun. Es werden eher viele Dinge nicht getan, weil sie doch später getan werden sollten. Diese Krankheit ist inzwischen zum selbständigen Krankheitsbild mutiert - heißt Prokrastination - auch in jedem Versagen, liegt ein Neubeginn - wer nicht fällt, kann auch nicht aufstehen!

Offen sein für alles Neue - Wer sagt, das kenne ich schon, das weiß ich schon,
nimmt sich automatisch die Chance, etwas Neues zu hören oder zu lernen. Wir haben nicht umsonst zwei Ohren und nur einen Mund. Wir haben so viele Dinge und Handlungen gesehen, die wir im ersten Moment nicht zuordnen oder bewerten konnten - die Erfahrung hat gezeigt, die anderen Menschen sind auch nicht blöde und sie haben häufig gute Gründe, warum sie etwas so oder so machen - auch wenn sich uns oft im ersten Moment die Gründe nicht erschließen.

Loslassen - Wenn wir uns immer nur in den uns bekannten und geübten Bahnen bewegen und uns nur mit den Menschen befassen, die uns vorauseilen oder um uns sind, werden wir immer in deren Spuren wandeln, die sie hinterlassen. Wir müssen lernen niemanden einzuschränken - auch nicht uns - und jeden seine Fehler selber machen lassen, wenn er denn will. Jeder muss für sich definieren, was für ihn wichtig ist. Gerne geben wir unseren Rat anderen, obwohl sie gar nicht danach gefragt haben!!!

Zufriedenheit - heißt mit dem klar zu kommen, was wir im Moment haben! Wir hatten nicht viel Geld, keine Sicherheit, kein großes Auto, schliefen auf dem Boden, im Auto oder im „Minizelt" etc. aber wir waren jeden Tag dabei etwas Neues zu entdecken- wir waren wie Kleinkinder, für die das Spielen das schönste Abenteuer ist, das es gibt. Wir haben nichts vermisst, denn wir haben nichts erwartet. Das, was wir bekommen haben, war das Maß aller Dinge. Gesundheit, Essen und Trinken und einen sicheren Schlafplatz, sodass wir stets in der Lage waren, neue Dinge aufnehmen zu können, das hat uns gereicht. Wirklich nur im Moment zu leben, ohne uns Gedanken zu machen, was alles passieren konnte und was es z.B. morgen zu essen gibt. Oder wo wir dann sein werden. Das jetzt in vollen Zügen leben, und zu erkennen, dass nichts selbstverständlich ist - auch z.B. nicht die Atmung oder unsere Bewegung, das haben wir gemacht!

Es war uns schon klar, dass wir mit unseren 800 DM, die jeder dabei hatten die Welt nicht einreißen konnten. Trotzdem war das ein Wohlstand im Vergleich zu vielen die wir auf unserer Reise getroffen haben und die trotzdem glücklich und zufrieden ihren Tee getrunken oder Backgammon oder andere Karten oder Brettspiele gespielt haben. Die vielen glücklichen oder verträumten Gesichter beim Wasserpfeife Rauchen verstärken dies noch. Wohlstand ist nur eine Facette des Lebens - er ist erstrebenswert, man sollte aber nicht zum Sklaven des Mammons werden. Gefühle, Anerkennung und Respekt sind wichtiger als materielle Dinge.

Alles, was materiell ist, ist vergänglich. Alles was spirituell ist, gibt uns Halt.

Egoismus - der die eigene Freiheit fördert, jedoch niemand geistig und körperlich schädigt. Wenn wir damals alle Ratgeber und „Weisen" berücksichtig hätten, wären wir nie weggefahren. Man muss sich schon nehmen, was einem wichtig ist - freiwillig bekommt man nur ganz selten etwas. Trotzdem funktioniert eine Partnerschaft nicht dadurch, dass der Partner schafft. Wichtig ist, dass jeder seinen Egoismus lebt, dies aber nichts rücksichtslos zu Lasten des Anderen. So muss sich keiner unterordnen und hat das Gefühl „Klein bei gegeben zu haben". Kompromisse werden offen erarbeitet.

Ziele setzen - Man muss schon wissen, wo man hinwill. Diese Ziele gilt es hartnäckig zu verfolgen und zu versuchen sie zu erreichen. Dabei ist es wichtig, in Alternativen zu denken, für den Fall, dass es Schwierigkeiten bei deren Erreichung gibt oder es aufgrund der Umstände sinnvoll ist, das Ziel nicht um jeden Preis zu erreichen.

Wir wussten - so ungefähr, wo wir hin wollten, haben uns aber immer wieder fragen müssen, ob das überhaupt erreichbar ist und ob es für unsere Gesundheit und Leben nicht besser wäre, eine andere Route oder Ziel in Auge zu fassen. Man muss nicht unbedingt auf den Gipfel eines Berges klettern, wenn z.B. das Wetter oder die Kraft die Gefahr mit sich bringen, dass man nicht mehr gesund zurückkommt.

In den folgenden zehn Jahren bereiste ich dann über 40 Länder der Erde, teils geschäftlich, teils privat. Es gab dabei einige, in aller Bescheidenheit, viele kritische und recht gefährliche Situationen auf diesen Reisen. Ich bin mir jedoch sicher, dass sowohl für mein privates Leben als auch meinen geschäftlichen Werdegang, diese erste große Reise meine in mir damals noch verborgenen und für mich wichtigen Talente und Werte zum Erblühen brachte. Sie war der Regen, der den Samen in mir zum Keimen brachte. Viele Dinge sind mir erst jetzt, nach so vielen Jahren und beim Schreiben dieses Buches, wirklich bewusst geworden. Vielen Dank an Walter für seine sichere Fahrt und als Kumpel für sein stets zuverlässiges und freundschaftliches Verhalten. Und natürlich ganz besonders an mein Unterbewusstsein, das diese Bilder so lange so gut gespeichert hat.

E N D E

Danksagung

Ohne die vertrauensvolle Erziehung meiner Eltern und hierbei ganz besonders hervorzuheben meiner Mutter wäre dieses Buch nie entstanden. Sie hat es zwar nie für gut befunden, dass ich so häufig und exzessive Reisen unternommen habe, hat mich aber nie daran gehindert. Rückblickend als Vater und Großvater und mit mehr als 90 Ländern, die ich in meinem Leben bereist habe, kann ich mir ungefähr vorstellen, was sie aushalten musste.

Meine Frau Dagmar, die es wieder stoisch ertragen hat, mich weiter „schreiben" zu sehen und die mich ohne Murren erträgt, obwohl ich ihr sicherlich „ab und zu" damit auf die Nerven gehe.

Silke, Elke, Kathrin und Christian, die die Buchwerdung maßgeblich mitgestaltet haben. Schreiben alleine genügt eben bei weitem nicht.

Über den Autor

Der Autor wurde 1953 in Stuttgart geboren. Er machte eine Ausbildung als Industriekaufmann und studierte Betriebswirtschaft. (Nebenher stickte er Gobelins.)

Er war in verschiedenen Branchen wie Maschinen- und Werkzeugbau, Armaturen und Bergbauausrüstung und Textilmaschinen tätig.

Über 8 Jahre davon war er weltweit im Vertrieb/Export tätig.
1981 wechselte er in die Automobilbranche (Porsche und Lexus/Toyota) und hatte dort verschiedene Funktionen im Export sowie im Inland inne. Schwerpunkte seiner Tätigkeiten waren Vertriebsnetzoptimierungen, Markenaufbau Prozessoptimierung und Kundenzufriedenheit.

Unabhängig der Branchen vertrat er stets Produkte, die der Premiumklasse angehörten.

2010 veränderte ein Krampfanfall, der die Wirbelsäule zerreißt, seine Welt.

Fremde Kulturen, Edelsteine und Teppiche sowie Archäologie sind, wie auch die Herstellung von Heilmitteln, Akkupunktur und das Sammeln von Pilzen seine Passionen. Beim Malen von Aquarellen/Akyl und Fotografieren entspannt er sich, wenn er nicht gerade an einem Buch arbeitet. Heute hat er die Zeit, seine Kreativität auszuleben und ist dafür sehr dankbar.

Weitere Bücher desselben Autors:

KAMIKAZE – KAKUSHIN .... NUR EIN HASCHEN NACH WIND
(Erschienen 2013)

28 Kurzgeschichten die sowohl aus menschlicher als auch aus wirtschaftlicher Sicht interessant sind. Der Umgang mit sich selbst und den Mitmenschen inner- bzw. außerhalb bestehender Normen und Prozessen wird an verschiedenen Beispielen und Erfahrungen aufgezeigt. Gedanken, bei denen die Tage gleich lang sind, jedoch unterschiedlich breit.

Kurzgeschichten aus der Wirtschaft - Verhaltenskodex - Bewust Sein und Unterbewusst Sein im Geschäftsleben - Verkaufstaktik - Psychologie im Vertrieb - mentale Einstellung und Verhalten - Überlebenstraining im Business - Personal- und Kundensteuerung sowie Wahrnehmung - kurz gesagt, Lebe selber statt sich im Rad des Lebens/Business selbst zu zerstören/lassen. (Genuss satt Besitz und Genuss muss nichts mit <Champagner> zu tun haben!)

Kuzrgeshcichetn aus dre Witrshacft - Vehraltesnkodnx - Bewust Sien und Unterbwust Sien im Geshäcftslebn - Vekafustaktik - Pycholgei im Vetrib - metale Eistelug ud Vehaltn- Übelebnstainig im Busienss - Pesoanl- ud Kudnesteuerug und Warhnemug

Kuzgeshichtn as de Witshacft - Veralteskodx - Bwust Sien und Untebwust Sin im Geshäftslebn - Vekafstaktik - Pycholgi im Vetrib - metal Eistelug ud Vealtn- Übelebstraig i Busins - Pesnal- ud Kudesturug und Wrnemug

In der Reduktion liegt die Chance.

AIKIDO
SELBSTVERTEIDIGUNG
IM *GESCHÄFTSLEBEN*

(Erschienen 2015)

AIKIDO

SELBSTVERTEIDIGUNG IM

*GESCHÄFTS*LEBEN

Mit dem Tag unserer Zeugung beginnt der Kampf ums „Über"-leben.(Manchmal auch schon davor) Konditionierung, Familie, Kultur und Gesellschaft geben uns die Rahmenbedingungen, unter denen wir überleben müssen. Welche Angriffs und Verteidigungstaktiken und –strategien haben und entwickeln wir um dieser Heraus-forderung widerstehen zu können. Verhalten wir uns so, wie unsere Gesellschaft es von uns erwartet? Haben wir eine Chance uns anders zu verhalten, wenn wir angegriffen werden?
Was lohnt sich überhaupt zu verteidigen?
Jeder hat die Wahl, sich so zu verhalten, wie es seinem Charakter und seinen Werten entspricht.
Die Adaption der Techniken aus dem Aikido im Geschäftsleben- was natürlich auf im privaten Leben Gültigkeit hat, ist Inhalt dieses Buches.

Über 30 Jahre praktischer Erfahrungen, ohne dass sie ein vorgefertigtes Rezept finden, erlaubt ihnen die Gedanken und Verhalten zu erfassen und sie nach Ihren Vorstellungen und Anforderungen umzusetzen.

Viel Erfolg dabei.
Lesen sie das Buch nur, wenn sie sich wirklich verändern wollen- andernfalls tun sie lieber das, was sie am meisten mögen.

Emotionale „Auslieferung"
Die perfekte Inszenierung

(in Arbeit, voraussichtliche Erscheinung 2016)

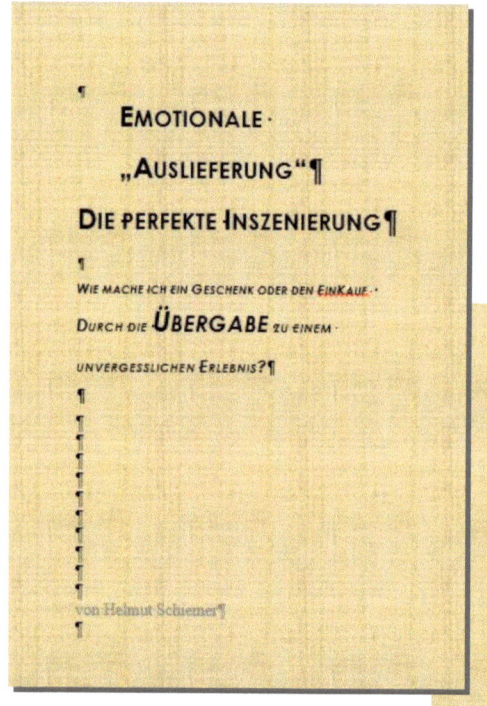

Wir kaufen für uns ein oder wir mache jemanden ein Geschenk. Was ist unser Ziel dabei und was wollen wir damit erreichen? Es geht dabei nicht nur um das „Produkt" sondern ganz besonders um das WIE. Dies geschieht sowohl im privaten Bereich als auch im Business Bereich. Je wichtiger der „Beschenkte" (das könnte natürlich auch ich sein!) für uns ist, desto mehr Gedanken und Aktionen lassen wir uns normalerweise einfallen. Über das Wie und das Warum gibt es in diesem Buch Hintergründe und Handlungsanleitungen. Wie inszenieren wir dies und machen sowohl für uns (Schenkenden/Verkaufenden) als auch für den Beschenkten/Käufer, diesen Akt zu einem unvergesslichen Erlebnis. Das hat nur in zweiter Linie mit Geld zu tun! ¶

In 100% der Fälle liegt es an der inneren Einstellung von uns, mit der wir dem Anderen begegnen. Je näher und emotionaler uns der Andere steht, desto größer ist unser Wunsch diesen Moment so unvergesslich wie möglich zu machen. ¶

Ein Buch, das bei der Party im Kindergarten als auch z.B. zur 80er Feier, dem Kauf eines Autos oder Segeljacht als auch dem täglichen Einkauf im Supermarkt seine Realität erlebt. ¶

Jeder Moment ist so viel wert, wie wir ihm Respekt und Anerkennung zollen! ¶

Er ist unwiederbringlich – jedoch können wir seine Wirkdauer durch unser Verhalten verlängern! ¶

Herstellung und Verlag:
BoD - Books on Demand, Norderstedt
ISBN 978-3-7392-0118-4